越後色部領における須貝氏の活動

新保　稔

はじめに

本稿の目的は、色部領が分布する越後国の荒河保（新潟県関川村・村上市）や小泉荘加納方（同村上市）における須貝氏の活動を具体的に明らかにすることである。

須貝氏について、先行研究では、天文四年（一五三五）の本庄家中逃亡事件に関連して言及がある。これは、「謀心」を企てた本庄氏家臣四、五人が当主本庄房長のもとから逃亡したことを受けて、房長が色部氏に対し逃亡者達の殺害を求めたものの、結果的には彼らを出羽国へ逃がしてしまったという事件である。その逃亡を仲介したのが女川流域の須貝党であった。

池享氏は、女川流域が「国人領主支配に包摂されない、土豪一揆的社会秩序が残っている地域」であったとし(1)、また、長谷川伸氏も、須貝党は「土豪集団」であり、「おそらく彼らはゲリラ戦を得意とし、本庄氏への服属を拒否して手こずらせていたような集団(2)」と評価している。

他方、高橋重右エ門氏は、逃亡した家臣が須貝党に手厚く保護されているとして、須貝氏が当時大きな勢力を保持していたと述べている。また、女川流域の須貝氏は、荒河保の地頭河村氏の来任とともに相模国より移住したという。来住が伝えられる須貝氏のうち、彦右衛門家は通称「かじどん」、甚左衛門家は「だいくどん」と呼ばれ、また刑部の子孫又右衛門家には先祖が用いた馬具が家宝として伝えられていることなどから、採鉄製鉄ほか技術集団としての可能性が強いとする(3)。

このように、須貝氏は土豪集団・製鉄採鉄ほかの技術集団と評価されてきた。しかし、先行研究が注目していない須貝氏に関する史料や民俗学の成果が確認でき、それらを検討することで、須貝氏の新たな一面がみえてくるのではないかと考えられる。また、須貝氏の活動は、越後守護上杉氏や、その次に国主となった長尾上杉氏、そして小泉荘加納方の地頭の系譜を引く色部氏といった上位権力の動向とも関連するもので、越後の地域史研究に資する部分もあるのではないかと思われる。

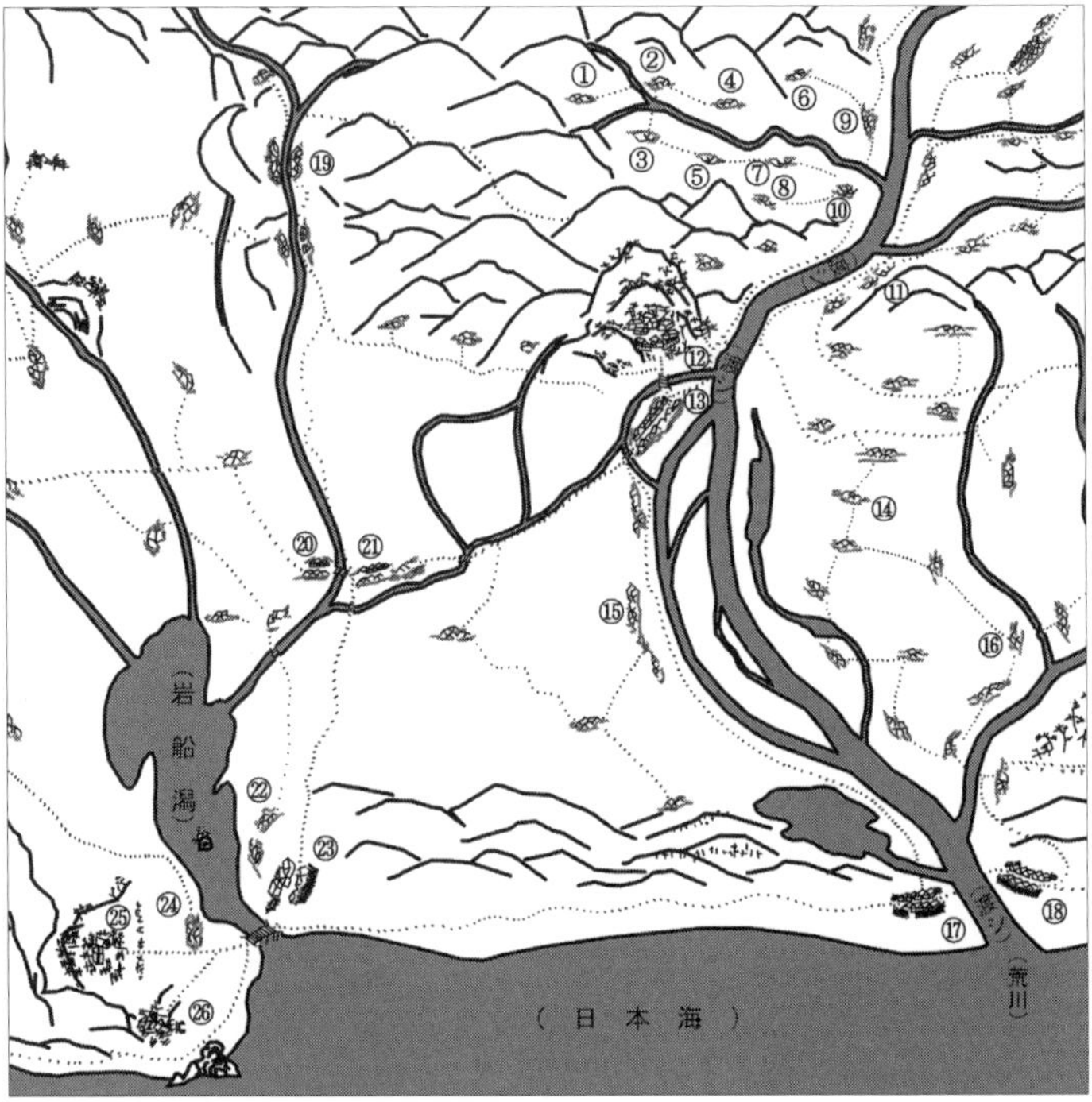

【図1】色部領の河海と集落・道

※『上越市史別編2上杉氏文書集二』（上越市、2004年）付図「越後国瀬波郡絵図」（部分）に描かれた地形・道・集落・平林城・寺社をトレース・簡略化したうえで加筆。

①中まるけ（束）村、②こわた（小和田）村、③ぢやばミ（蛇喰）村、④わか（若）山村、⑤中やしき村、⑥（小見村）、⑦宮の前村、⑧ほう（朴）坂村⑨たかた（高田）村、⑩かつら（桂）村、⑪貝付村、⑫平林（城）…色部氏居城、⑬（平林の下町か）、⑭山口村、⑮牛屋村、⑯新光寺村、⑰塩や（屋）村、⑱桃崎村、⑲桃川村、⑳九日市村、㉑まきの（牧）目村、㉒八日市村、㉓岩船町、㉔三日市村、㉕諸上寺、㉖木（貴）船明神

須貝党が活動した女川流域は、荒河保に含まれる。荒河保は、阿賀北の中央部で出羽方面から日本海に注ぐ荒川の流域にあたり、女川はその荒川の支流である。荒河保には元々越後守護上杉氏の所領があったが、戦国期には周辺の国人領主が所領を得ていることが確認できる（「越」『新』一三二〇・一四二三・一三二二）[4]。具体的な所在は不明であるものの、色部氏も永禄六年（一五六三）には荒河保の一部を「抱置」いている（「越」『新』一〇六七）。その後、十六世紀末の「越後国瀬波郡絵図」[5]によれば、荒河保には長尾上杉氏の直轄領や周辺の国人領主による錯綜した知行関係がみえる。女川流域の場合、桂・高田・宮前・朴坂・若山・中やしき・蛇喰の各村が色部分・加地分入会で、小和田・中束の両村は加地分とみえ、小見村の位置にある村（村名判読不可）は垂水分となっている。しかし、この知行関係がどれだけ遡るのかはよく分からない。

荒川流域には戦国期に色部氏が本拠を移動し（平林城）、城下町「平林の下町」が発展した。平林は荒川が平野部に出るところに位置しており、水陸両方の要所にあたる[6]。加えて、色部領には、日本海沿岸の港湾都市である岩船町があった。色部領は河川や海と結びついて成り立っ

ていたといえる。

戦国・織豊期における色部領の流通に関しては、流通の場とそれを基盤とする住民層の両面で様々な研究が蓄積されている。

佐藤博信氏は、十六世紀末における平林の城下町が色部領の経済的中枢となっているとして、岩船港をめぐって同心円的に展開した中世的な市の運動は、近世的な城下町に吸収されていったとする。(7)

また、小村弌氏は、岩船町の重要性に注目するとともに、流通関係において、貨幣経済の発達・海運力等により、粟島がそれに準じる機能を有していたと述べた。(8)

さらに、田中達也氏によって、岩船町住人の検討が行われ、中世末期の岩船町が来歴の異なる複数集落の集合体としての様相を呈していたこと、また農業・漁業や商品流通、各種加工業といった複合的な機能をもつ都市であったことが明らかにされた。(9)

藤木久志氏は、「色部氏年中行事」の様々な職人を検討するなかで、商人・流通業者について触れている。色部氏の台所方の買物に登場する布川氏が岩船の商人頭ともいうべき独自の性格を持っていた可能性を指摘し、荒川・旧胎内川河口部の桃崎の渡守、「わたなべ」の肩書を持つ存在、小字「渡古屋敷」について言及している。(10)

加えて、六本木健志氏によれば、岩船町の問屋商人布川氏は、堺の商人堺弥助と結びつきを持ち、色部領内では産することのできない物資を得ていたという。岩船町を中心として色部領内から出される物資が渡守たちの手によって荒川左岸の街道筋へと運ばれ、小国、米沢城下への流通路へのせられたとする。(11)

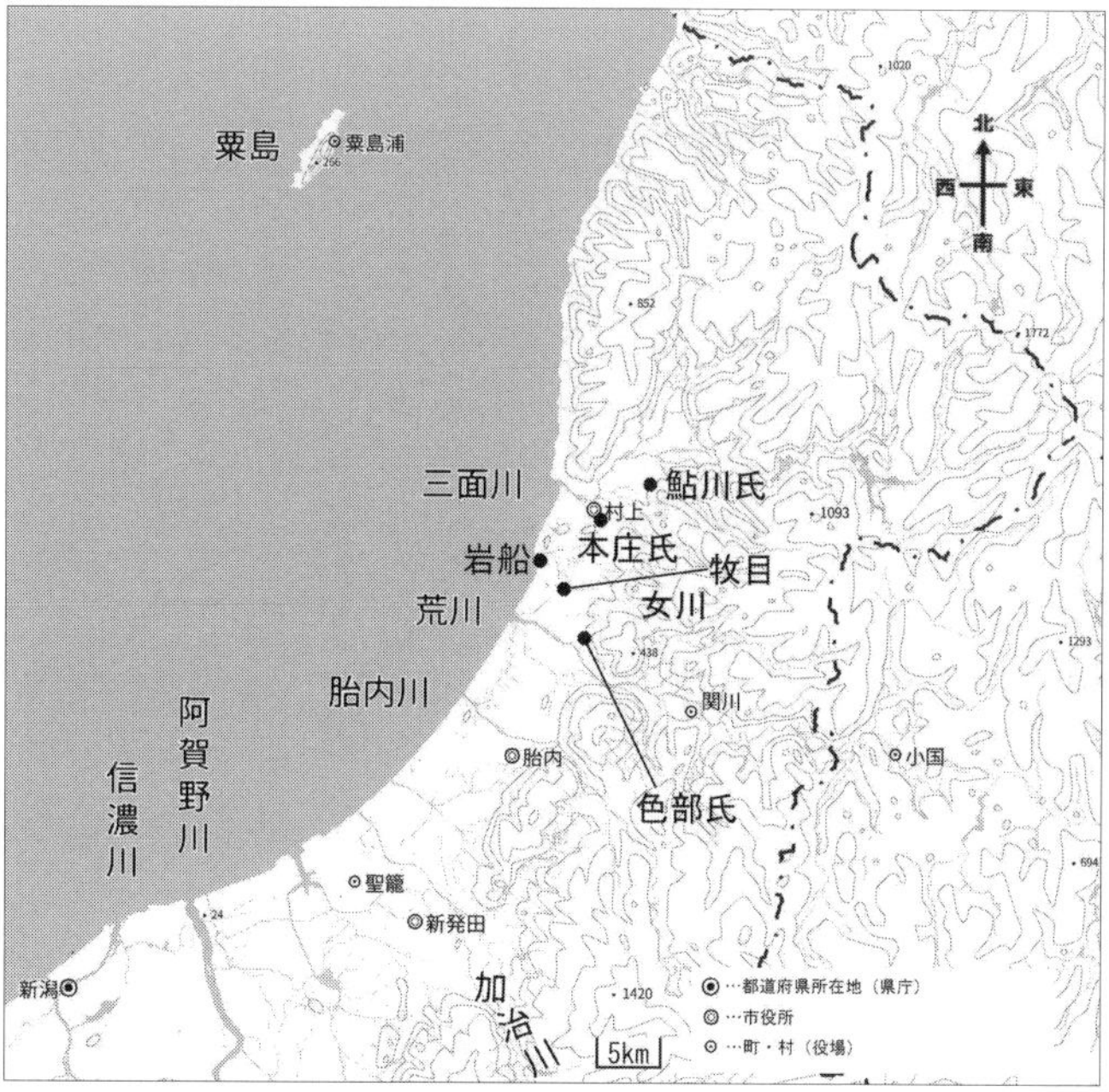

【図２】粟島・岩船・牧目周辺図
※地理院地図 Vector の電子地形図（タイル）に加筆。
（https://maps.gsi.go.jp/vector/#9.387/38.204128/139.476384/&ls=lvlabel&disp=1&d=l）

このように、色部領の流通に関しては、岩船や粟島などに流通の担い手が多数存在したことが明らかになっているが、彼らと須貝氏との関係は十分に検討されていない。

以上のことを踏まえ、上位権力との関係を検討しつつ、総体的に須貝氏の活動を明らかにし、色部領研究の一助としたい。具体的には、女川流域の須貝党と牧目の須貝伊賀守という二つの勢力に注目し、それぞれの特徴を確認していく。まず、須貝党の検討では、彼らが関与した本庄家中逃亡事件における役割を確認するとともに、須貝党の帰属をめぐる上位権力との関係の変遷や須貝氏が複数確認できる「色部氏年中行事」の記事について考える。また、須貝伊賀守に関しては、色部領の集落における足跡を史料から読み解くとともに、色部領の鎮守である貴船大明神の遷宮や新発田重家の乱における上位権力との関係を考察していくこととする。それにより、先行研究が触れていない須貝氏の多様な活動を明らかにしたい。

一　女川の須貝党

まず天文四年（一五三五）の本庄家中逃亡事件について考えたい。「はじめに」でも触れたように、池享氏は、この事件をもとに、女川流域が「土豪一揆的社会秩序が残っている地域」であったとし、長谷川伸氏も、須貝党を「土豪集団」と評価する。また、高橋重右エ門氏は、須貝氏が当時大きな勢力を保持していたと指摘する。[12] 同年四月二日付の本庄房長書状によれば、本庄氏の家臣の者達が「謀心」を企てたが、予想外のきっかけがあって露見し、有明平右兵衛をはじめ四、五人が本庄氏のもとから逃亡した。本庄房長は、色部氏の家中に逃亡者がやって来た際は厳重に処罰することを求め、それはお互いのためであると述べている。そして、色部氏の家中にも共謀者がいるのではないかと疑っている（「越」『新』一〇九九）。二日後には、房長から色部氏に対して以下のような書状が出された。

【史料1】本庄房長書状「越」（『新』一一〇一、傍線部筆者）[13]

返々、かのもの共かならす《必》〳〵こわたと申地にあるよし申候、ゆう〳〵《悠悠》とをかせられ候てハ、かならす〳〵彼地のもの共ひきよせ申へく候、大せつ《切》たるへく候、早々たつねさせられ候て、ねまり候よし申候ハヽ、いそき〳〵そのあつかい《刷》をなすへく候、（中略）なにへんいそき申たく候て一筆令啓候、

態啓達候、仍平ひやうゑ・いわさ《岩沢》ハ事、おんな《女》川のこわた《関川村小和田》と申所にあつまりゐ《集居》候よし承及候、Ⓐさため《定》てすかいたう《須貝党》の中たるへく候、ひつちやう《必定》にて候や、人をもつかハ《遣》され候て、やうたい《様体》ひきか《聞》せられ候か、又一かう《向》御存候ハす候や、御心もと《許》なく存候、もし御存も候ハすハ、早田せいさへもん《清左衛門守吉》ニおほせつけ《仰付》られ、たつね《尋》させられ候へく候、たしかニ彼地へあつまり申候由承候、見せられ候て、必ねまり候ハヽ、をしよせ《押寄》しやうかい《生害》させ申度候、定而可為御同心候条、その分ニさせられへく候ハヽ、御報ニより候て此方よりも人しゆ《数》の事申付、さしこし《差越》可申候、Ⓑこわたと申所ことのほか《殊外》のせつしよ《節所》にて候条、よく仕合を仕候ハ

て、事なるましきよし、をの〳〵（各々）申候、彼地にたまり（溜）ゐ候て、しせん（自然）女河のものともをひきつけ（引付）候てハ、ならぬまても事六かしく（難〈六借〉）候へく候間、早々しやうかひさせ候へく候、（中略）ありあひ（有合）候ハヽ、せんあく（善悪）人しゆをこし候て、立会申候てさせ可申候、恐々謹言、

（本庄）
大和守
房長（花押）

（天文四年）
四月四日
（色部勝長）
弥三郎殿
御宿所

右の史料によれば、この頃には逃亡者が女川（女川流域）の小和田に集まっているとの情報が届いていた。房長は、逃亡者は必ず「すかいたう（須貝党）」の中にいるだろう（傍線部Ⓐ）として、色部氏から人を遣わして尋ねさせたうえで殺害させたいと述べている。色部氏からの返事によっては援軍を出すともいい、本庄氏の家中が「小和田は存外に要害の地であるので、きちんと準備しなければ成功しない」と主張しているという。また、もしも（逃亡者が）女川の者たち（須貝党）を引き寄せれば問題解決が難しくなるので早く殺害させたいと伝えている（傍線部Ⓑ）。以上のことから、須貝党は警戒すべき一定の武力を持った集団だったことが分かる。女川流域は、【図1】の①～⑩で、先述のように荒河保に含まれる。

その後、四月六日付の本庄房長書状によれば、逃亡者は、女川の小和田を経て、「女河のもの共」（須貝党）の仲介によって出羽国小国の玉川へと逃げて行った（「越」『新』一一〇二）。

では、【史料2】から、荒河保女川流域の須貝氏がどのような経緯で色部氏に従ったのかについて考えたい。なお、差出の田中長義・長種は、色部氏の譜代家臣で（「越」『新』一〇七八・一〇八四など）、充所の後藤新六は、書状の内容から「御正印」（守護クラスの人物と思われる）の取次を務めている者と分かる。[14]

【史料2】田中長義・同長種連署状案（「越」『新』一〇八一）

※一部読点を変更した。）

（端裏書）
「後藤新六殿」

如来意之、雖未申通候、乍御返事申達候、仍不慮之再乱出来、然者御正印早速御帰庄、吾々訖〔迄〕も目出存計候、就之、従芸州（加地春綱）両度正印所へ御懇書忝之由被申候、委曲可被及直報候、随而女河之事、如承候、御内意も候つる歟、先年井上将監并彼谷中之面々、様々被申旨候条、難捨被存、遠江守（色部憲長）存世之時、被任其意、至于当代訖、毛頭無如在被抱置候、内々御正印御本意之上可被返進候処、今度女川之面々兼日理之無首尾候条、傍輩共申旨候へとも、抛諸事、為向後御甚深可被返進候歟、此意之趣、従是可被申達候、但年来之筋目相違、彼谷中之面々、於以後対当所慮外之義候者、可被致佗言候哉、至其義も、対御正印申一旦不可在御等閑候、猶態可申入候条、不具候、恐々、

天文八年
十月十七
田中太
長義
同平

長種

御報

後藤新六殿

文中の「御正印」については、色部氏よりも上位であること、本来「彼谷中（女川）之面々」が従っていたことが読み取れる。ただし、「御帰庄」とあるため、守護上杉氏・守護代長尾氏[15]ではないだろう（府内の場合、「帰府」となる）。人物比定は難しいが、時期的にみて、上杉氏の一族で、守護定実を輩出した上条氏（鵜河荘）の可能性がある。[16]「不慮之再乱」は、伊達時宗丸入嗣問題に伴う阿賀北での領主間対立をさす。

加地春綱[17]が「御正印」側と連絡をとっていることも分かる。加地氏は、十六世紀末段階で女川流域に所領を持っていることが確認できる（「越後国瀬波郡絵図」）。

田中長義・長種父子は、女川のことについて、先年井上将監[18]と（女川の）谷の面々が色々なことを言ってくるので、（前代当主の）色部憲長の生前にその通りにし、当代（色部勝長）に至るまで少しも手落ちなく「被抱置」てきたと述べている。池享氏は、論文の注のなかでこの史料に触れ、入嗣問題をめぐって「不慮之再乱」が起きた際、「女河之面々（ママ）」が「毛頭無如在被抱置」たにもかかわらず「慮外之儀」を働く危険があった、としている。[19]一方、「難捨被存」とあることから、色部氏側の主張としては、女川の面々が何らかの権益保障あるいは安全保障を求めたため、色部氏が「抱置」という処置をとったとしていることも分かる。

では、その「抱置」の端緒となった時期について考えたい。「遠江守存世之時」とある色部憲長の活動は、永正十年（一五一三）（「越」『新』一六八六）から享禄四年（一五三一）（「越」『新』一〇七二〜一〇七四）にかけて確認できる。永正十一年には、長尾為景に上杉定実が敗北し、その後一時的に越後守護上杉氏の当主が不在となっている（「上杉家文書」『新』四二一、「越」『新』一五六三）。享禄三年には享禄・天文の乱（長尾為景と上条定憲の争い）が起きており、小泉荘では、享禄四年に色部・本庄・鮎川・小河の四領主間で府内からの命令に一致して対処することなどを記した起請文を交わしている（「越」『新』一〇七二〜一〇七四）。このように、「遠江守存世之時」は、越後守護上杉氏の政治的地位が不安定な時期にあたり、色部氏と女川の面々の関係が変化したのは、特に永正十一年や享禄三・四年の頃であった可能性がある。[20]

そして、【史料2】が出された天文八年十月は、実子のいない越後守護上杉定実に伊達氏から養子として伊達稙宗の子時宗丸を迎えるか否かが問題となっていた時期にあたる。周辺の中条氏・黒川氏・築地氏らが長尾為景方としてこの交渉を推進していた一方で、[21]色部氏は最後まで反対の立場であり、[22]時宗丸の入嗣に対抗して守護を輩出する家格を持つ上条氏に接近した可能性がある。こうした時期に、「女川之面々」の「慮外之儀」が懸念された。それは彼らの帰属にかかわり、色部氏から「御正印」方への「侘言」が必要になるものだった。

【史料1】では、須貝党が「女河のものとも」と呼ばれていることから、【史料2】の「女川之面々」は須貝党だろう。あわせて、荒河保に越後守護上杉氏の所領があったことも踏まえれば、彼らは元々越後守護上杉氏に従っていた集団と考えられる。

　須貝党は、越後守護上杉氏の政治的地位が不安定な時期に色部氏に従い、また、伊達時宗丸入嗣問題のさなかにその帰属が問題となることもあったようである。

　先行研究では触れられていないが、「色部氏年中行事」には、女川流域の須貝党という集団や須貝氏一族の分布を考えるうえでの手掛かりとなる以下のような正月の饗応の記事がある。

【史料3】「色部氏年中行事」正月八日条（色部本）（『新』一二三六一、一六丁表〜一七丁表）(23)。

（以下、九日条まで米沢本欠）

一、始天正九年辛巳正月八日より舟河衆出仕之時、御さかな・座敷の次第、

一、客居座上
一、須貝伊与守
二、同小六郎
三、同与六郎
四、同弥七郎
五、中津川雅楽助
六、斎藤新六

主居座上
一、須貝与三
二、同孫九郎
三、同与七郎
四、石山小四郎
五、須貝外記助
六、今惣三郎
七、同惣六郎

（後略）

構成員に須貝氏が複数含まれる舟河衆は、天正九年（一五八一）以降に色部氏のもとに出仕するようになったと記されている。年始にあたって饗応を受けていることから、色部領内における舟河衆の活動が承認されていたと思われる。中野豈任氏によれば、御肴五献は、献の数としては最も多く、御家内衆（譜代家臣）・小嶋同名衆・加地牢人衆もこの形式で饗応を受けている。色部氏と舟河衆の間で祝酒の応酬が行われていることが読み取れる(24)。

　【表1】に、「色部氏年中行事」に登場する須貝氏をまとめた。全体で十六名登場する須貝氏のうち、舟河衆には半数の八名が確認できる。また、牛屋・新光寺といった荒川流域や港湾都市である岩船にも須貝氏がみえる。

　天文四年には女川流域に須貝党という集団がいたことが分かり（【史料1】）、また高橋氏が指摘するように、女川流域には須貝氏の痕跡が複数残っている。一方で、「色部氏年中行事」では須貝氏が天正九年から出仕する舟河衆に集中しており、十六世紀末段階で入会ではあるものの女川流域に色部氏の所領が確認できる（「越後国瀬波郡絵図」）。こうしたことを踏まえれば、舟河衆には女川流域の須貝氏が多く含まれている可能性が指摘できる。

　女川流域は、出羽方面から日本海に抜ける荒川と直結し、その荒川の支流は色部氏の伝統的所領がある小泉荘加納方にも通じていた。民俗学の研究成果だが、かつての女川流域には、宮の前（炭）・高田（米・炭）・小見（米・炭・砂利）に物資の積

【表1】「色部氏年中行事」に登場する須貝氏（名前は「須貝」を省略。）

日付	地名・所属	名前	人数
正月2日（5丁表～6丁表）	？（祗候被申候面々衆）	小三郎	1
正月4日（10丁表）	新光寺ニねまり候者	藤左衛門尉	1
正月4日（20丁表）	岩舟	帯刀	1
正月4日（10丁表）	牛屋之内	惣助	1
正月7日（14丁裏～15丁表）	牛屋衆	長介	1
正月8日（16丁表～17丁表）	舟河衆	伊予守、小六郎、与六郎、弥七郎、与三、孫九郎、与七郎、外記助	8
正月10日（19丁表）	加地牢人衆	佐左衛門尉	1
正月11日（18丁裏～19丁表）	？（記述なし）	小七郎、源三	2
		合計	16

みおろしを行うニアゲバ（川湊）があったという。(25)このことは、後述する須貝伊賀守の活動との関連でも注目できる。

高野山清浄心院の「越後過去名簿」（写本）によれば、「日はい了心禅定門〈越後国セナミノ郡（色部内）保内庄真（新）光寺　須貝藤左衛門尉〉　同　妙徹禅定尼〈同内方　天正十五六月廿八日〉（二人）逆修」「妙意〈女川丸木スカイヌイノ助　永正十六〉」「玄光〈瀬浪郡女川スカイ十地院　大永四年八月八日〉」とみえる。(26)「色部氏年中行事」正月四日条の藤左衛門尉の記事（【表1】）や、天文四年の事件で女川流域に須貝氏一族がいたことと一致する。

なお、弘治四年（一五五八）八月には、本庄繁長が須貝彦左衛門の戦功を賞し、鮎川分一貫地を充行っている。(27)

本章での検討結果を以下にまとめる。女川流域の須貝党は、元々は越後守護上杉氏に従う集団であった。越後守護上杉氏の政治的地位が不安定な時期に「難捨被存」として色部氏に「抱置」かれ、その後、天文四年の本庄家中逃亡事件では、本庄氏家臣の出羽国玉川逃亡を仲介している。また、伊達時宗丸入嗣問題の時期には須貝党の帰属が問題化した。その後の活動には不明な部分が多いものの、色部氏のもとを離れたという史料は見出せず、「色部氏年中行事」の饗応の記事では、天正九年以降に出仕する「舟河衆」に多数の須貝氏が確認できる。このことから、須貝党はその後も色部氏に従い続け、饗応の場にも出仕するようになったのではないかと思われる。

二　牧目の須貝伊賀守

女川流域には須貝党の活動が確認できたが、色部領の水路と陸路の結節点（【図1】）である牧目にも須貝氏の足跡が確認できる。文政十三年（一八三〇）五月の牧目村指出明細帳によれば、「古城跡」について、「是ハ先年須賀（貝）伊賀守居城之由申伝候」とある。(28)江戸時代の伝承であるものの、牧目村には須貝伊賀守の居城があったという。

田中達也氏によれば、牧目集落を構成する新保家の祖新保内膳は須貝伊賀守の家臣であったと伝わり、天正十八年（一五九〇）にその存在が確認できる（「古案記録草案」『新』二〇六一）。また、牧目館跡（古城跡）は、須貝氏以前に色部氏惣領家が本拠を置いていたとされる。田中達也氏は、牧目村に舟運・水路にかかわる地名が残ることに注目し、「潟湖・河川や陸路を利用した交通・物流の結節点としての機能を果たしうる場所」として、「色部惣領家がその掌握を志向していたことが窺い知れる」とする[29]。さらに、矢田俊文氏は、中世の湊の物資流通の中心地は橋のそばにあったと述べ、あわせて「越後国瀬波郡絵図」の牧目村には三方に橋が描かれていることを指摘している[30]。牧目村の橋の数は周辺の集落よりも多い（【図1】）。須貝伊賀守は、水陸の要所である牧目を拠りどころとしたものと思われる。

　年未詳（戦国期か）の史料だが、【史料4・5】によれば、こうした牧目と日本海上に浮かぶ粟島との間で紛争が起きたことが確認できる。紛争に対処するため、粟島の名主脇川吉定が色部氏の譜代家臣である田中氏に対応を求めている書状である。

【史料4】脇河吉定書状写「古案記録草案」（『新』二〇八三[31]）

　態以書状申入候、然者まきのめ（村上市牧目）より当嶋へけうこ（警固）をいれられ候を、なぬし・をとな、又ハ岩船のをとな共談合いたし候て、しやうかい（生害）させ申候、これニつゐてハひらはやし（平林）のつゝけをかせき申へく候、御心やすくおほしめしあるへく候、随而其方之そなへ之儀、片野集〔隼〕人佐具ニ被申候間、是又可然存候、それニつゐて此ふねニ太郎左衛門尉（田中長義）殿御こえまち入候、さう〳〵御いそきあるへく候、恐々謹言、

なお〳〵被申候、まきのめより被申事ニハ、両名ぬし・岩ふねのをとなともけしん人（解死人）ニとるへくよし被申越候間、如此ひんき可刷いたし候、

名ぬし九郎四郎

壬月三日　　吉定判

田中殿

参御中

【史料5】脇河吉定書状写「古案記録草案」（『新』二〇八四）

乍恐申上候、自牧目去月廿一日此方へ警固を御入候を、我々地下之者共致同心候て、当月三日ニ四人生涯させ申候て、牧目之手を切申候間、塩を五十俵上申候、此等之趣、可然様御披露所仰候、就之、庄内へも太郎左衛門殿船を下申候、此方之様躰者、平林之御手を奉頼候、彼者ニそなた之様、此方之通路之様躰、可被仰合候、自此方船を越申時ハ、自其方御人数を可有御出候、左様候ハヽ、此方ニハ煙を立可申候、御合被召候て此方之船見来候者、其心得可為肝要候、恐々謹言、

追而申上候、何事も彼者共ニ可被仰合候、此方ハ譜代之事ニ候間、此分之至候、

腋河九郎四郎

潤月四日　　吉定判

田中殿

御中

【史料4】によれば、牧目から粟島に対して海賊行為があっ

たのに対し、粟島の名主・乙名、また岩船町の乙名が談合し、牧目の住民を殺害したことが読み取れる。この殺害行為によって牧目との対立が起こり、牧目は粟島の二人の名主と岩船の乙名を処罰（報復）のため引き渡すようにと要求した。それに対して粟島方は、【史料5】にもみえるように、色部氏側から軍勢を出してもらい、協力してこの事件に対処することを要請している。

日本海上にある粟島に対して牧目が「警固を御入」という行為を行っていることを考えると、船に乗る人々による海上を舞台とした紛争である可能性が高い。また、粟島の名主脇川氏が「此方ハ譜代」（【史料5】追而書）と述べており、一方の牧目方は色部氏の「譜代」ではないと考えられる。そして、色部氏の軍事的な援助（安全保障）を求めていることから、牧目方の背後にも一定の武力があり、それに備える必要があったことが分かる。

須貝伊賀守がみえる近世の史料及び新保内膳の伝承を踏まえれば、牧目方には須貝氏がついていたのではないだろうか。詳細は不明だが、須貝氏と「譜代」の粟島方の海上における権益が接触し、問題となった可能性がある。

このように、須貝伊賀守は色部氏や粟島・岩船方と対立するような立場を取ることもあったようだが、天正年間中頃には、色部氏との結びつきを示す史料が複数確認できるようになる。天正八年十一月には、次の史料のように、岩船潟の河口部に鎮座し、岩船の商人たちが参加する貴船大明神（現石船神社）の遷宮で須貝伊賀守の活動が確認できる。

【史料6】貴船大明神棟札写「石船神社記録(32)」

当社御遷宮札控

平（色部）長真象（蒙カ）仰、

越後国□□（岩船）郡加□（納）庄岩船郷□□（貴船）大明神□（遷）宮、　須貝伊賀守□□

天正八年庚辰拾壱月十六日

鬼干原・師（獅）子頭・鼻高、一透齋作、脇細工須貝内記佐、

小野高村（篁）弥大臣末孫神主弥五郎□隆、

作事奉行、垂水平兵衛、諸役勤事、布川八郎四郎、堺弥助（中略）

大工、山崎四郎左衛門、脇大工、片野新七郎、（以下、人名略）

遷宮に際して須貝伊賀守が色部長真の仰せを受け、また脇細工には同じ須貝氏一族の須貝内記佐が参加している。水を司る貴船大明神は色部領の鎮守で、「越後国瀬波郡絵図」では、参道とは別に海の方角に向かって鳥居が描かれていることから、十六世紀には日本海上を航海する船乗りから信仰を集めていたと考えられる。諸役勤事には岩船の問屋商人(33)（商人頭）布川氏、堺出身の商人とされる堺弥助が参加しており、脇大工にみえる片野新七郎は、戦国期の牧目・粟島間紛争で粟島方の使者として登場する片野隼人佐の同族だろう（【史料4】）。色部領の鎮守で水神を祀る神社の遷宮に、岩船の商人・粟島の関係者が参加し、須貝氏が取りまとめ役を果たしていることは、【史

料4・5】のような対立関係とは異なる状況として注目できる。

港湾都市との関連では、新発田重家の乱で浦役を充行われている次の史料が興味深い。

【史料7】上杉景勝朱印状「越」（『上』二八〇七、印文「立願勝軍地蔵・摩利支天・飯縄明神」）

今度修理大夫（色部長真）為代官参陣、別而走廻、神妙之至候、因茲、色部償之浦役出置候、弥可遂貞心者也、仍如件、

天正十一年

（上杉景勝）（朱印）七月七日

須貝伊賀守とのへ

色部氏の代官として須貝伊賀守が参陣し、景勝からは「色部償之浦役」（色部氏が上杉氏に対して納める浦役）を充行われていることが読み取れる。上杉領国の「浦役」が具体的にどのようなものであったのかはよく分からないが、一般的な浦役の理解としては、「江戸時代またはそれ以前から浦方に課せられた賦役ないし小物成の一種」とされる。「難破船の救助」や、「公儀の荷物など海上の運搬」が浦役と呼ばれる例があり、「やや古くは『大内家壁書』に（中略）御座船作事の労役を浦役銭を以てせんことを懇願し、望みを達したことが示されている。」「浦役を勤める浦は地先漁業権を行使できたのに対し、勤めない浦はそれを行使できないのが原則であった」という[34]。文禄三年（一五九四）の色部家老臣連署知行定納覚によれば、山口村・岩船町（「岩舟之内新屋」）に上杉氏に納められる浦役銭がみえ、それぞれ「拾弐貫弐百文」「此内三百文ハ黒河より、壱貫文ハ土沢より出申候而、公儀へ指上申候」（山口村）、「弐貫文」「是も浦役ニ公儀指上申候」（岩船町新屋）とあり、合計で「拾四貫三（ママ）百文」「右ハ御大途へ納申候、但河村はうニ渡申候」とある。そして、【史料7】からは、色部領からの浦役徴収が天正十一年に遡るものであったことが知られる[35]。

須貝伊賀守は、色部氏との結びつきをみせる一方、上杉景勝からの朱印状を根拠として浦方に賦課される役からも権益を獲得し、その活動基盤としたのである。

直後にあたる（天正十一年）七月十二日付色部長真充上杉景勝書状でも代官須貝伊賀守の事に触れられ、「就本庄（繁長）参陣、為代官須貝（伊賀守）差添、殊馬・鷹到来、喜悦候、」（「伊佐早謙採集文書四」『上』二八一五）とある。この頃の色部氏は、本庄氏とともに軍事行動を取ることが命じられていた[36]。新発田重家の乱で伊賀守が軍事行動を共にした本庄繁長は、天正十一年五月十八日以前の段階で新潟への「渡海」による参陣を予定していたことが分かり（「志賀槙太郎氏所蔵文書（東大影写）」『上』二七七五）、二十日には景勝から「のつたり（新潟市沼垂）表」への張陣のうえ繁長自身が景勝の陣下（新潟）へ来ることが指示されている（「常安寺所蔵文書」『上』二七八二）。海路を通って新発田重家の所領を越え、その西にあたる沼垂・新潟へ向かうことになっており、須貝伊賀守も、本庄氏と同様に「渡海」をして参陣したと考えられる[37]。

また、須貝伊賀守は、他国の人物と色部氏当主との接触時に

も活動がみられる。時期は前後するが、天正九年頃の二月十七日、信濃から逃れていた小笠原貞慶が色部長真に「貝吹様」を伝えた際、貞慶は「委曲須伊《須貝伊賀守》へ申候」と述べている（「越」『新』一六九三）。江戸期の色部家の史料によれば、この時、長真は領内の「貝付《附》」（荒川流域）に「御旅宅」を用意し、「家頼須貝伊賀・和田善勝ト云者両人附添、三四年之間御介抱致、御滞留」したといい、その際、軍書・躾方・書礼等が伝授されたという[38]。和田善勝（坊）の本領は信濃国であり[39]、「色部氏年中行事」正月九日条に登場する「善勝坊」と同一人物だろう（一七丁表）。さらに、天正十二年四月に「武州之住侶」山本宗久が長真に武術を伝授した際には、「伊賀守殿」が宗久を招き、長真との間を仲介している（「越」『新』一六九〇）。須貝伊賀守は、他国の出身・居住者が故実・武術を色部氏当主に伝授する際にも関与したことが分かる。

　このように、色部領における須貝伊賀守は、年未詳の文書で「譜代」の粟島方との対立がみられるが、天正年間中頃には新発田重家の乱で代官を務めるなどしたほか、当主の修養・鍛錬にも関与しており、色部氏と積極的に関わる伊賀守の活動が複数確認できるといえる。水陸の結節点に足跡を残し、鎮守である貴船大明神の遷宮を取りまとめていることからみても、色部領における有力な立場がうかがえる。

おわりに

本稿では、先行研究で土豪集団、採鉄製鉄を始めとした技術集団と評価され、断片的・部分的な言及にとどまることが多かった須貝氏の活動に注目し、女川流域の須貝党と牧目に拠点を置いた須貝伊賀守の大きく二つに分けて総体的な考察を行った。

　両勢力の共通点は、水運との接点及び軍事力である。前者が拠点とした女川流域は荒川という大河に接続しており、民俗学の成果によればそこにはニアゲバ（川湊）があった。また、須貝党は本庄房長とその家中からも警戒されるような一定の武力を持つ存在であった。一方後者の伊賀守も、粟島に対する「警固を御入」という牧目の海賊行為に関与し、また色部長真の仰せを受けて水神である貴船大明神の遷宮の取りまとめを行ったうえ、天正十一年（一五八三）には新発田重家の乱に参陣して上杉景勝から「浦役」を充行われている。須貝氏が荒川流域や港湾都市に分布していることから考えても（【表1】）、土豪集団あるいは採鉄製鉄を始めとした技術集団というだけではない、水運を基盤とした須貝氏の性格が指摘できる。

　その反面、それぞれの活動範囲を比較すると、須貝党は、史料的には女川流域での活動のみが確認できる一方で、伊賀守の場合は、荒川流域（貝附）・水陸の結節点である牧目・貴船大明神・岩船・日本海を舞台として広範囲に活動していることが分かる。前述のように須貝氏は色部領内に広く分布しており、須貝党としての活動範囲がどこまで含まれるのかという問題もあるが、同じ氏族であっても、須貝党と須貝伊賀守の二つの勢力を同一視することには、慎重になる必要があるだろう。

では、二つの勢力の史料上における登場形態及び上位権力との関係はどうだろうか。須貝党は集団として史料上に登場することが多く、本庄氏から警戒され、またその帰属が問題となるなど、天正九年以前は上位権力との一定の距離が感じられる。ただし、天正九年以後は、正月の饗応で色部氏のもとに出仕するようになった可能性がある。一方で、伊賀守は、一定の勢力を持つことが想定されるものの、個人名で史料に登場する。伊賀守は、当初色部氏の譜代の粟島方と対立するが、天正年間中頃以降、色部領の鎮守の遷宮や、代官としての参陣を通じて色部氏との結びつきをみせ、長尾上杉氏からも浦役が充行われた。両勢力とも上位権力との関係では天正年間中頃が一つの画期になった可能性があるといえる。

最後に、慶長三年（一五九八）の上杉氏の会津移封により色部氏が越後から離れ、慶長六年の上杉氏の米沢移封を経て、色部領の須貝氏がどのような変遷を辿ったのかについて触れたい。

まずは、色部氏に付き従った須貝氏の存在が確認できる。上杉氏の米沢移封後、慶長六年以降の成立とされる「色部氏家中覚」によれば、須貝雅楽・同源蔵・同源七郎（小者か）が色部家老臣の色部長影に従っている（「色部文書」『新』二三六二、第二紙表）。また、江戸時代の色部家で名乗一字を遣わされる儀式に参加する者のうち、「年寄共之外」として「須貝」が確認できる[40]。彼らが須貝党と須貝伊賀守のうち、どちらの勢力に近いかは分からないが、色部氏との結びつきが強く、移封とともに越後を離れることになった人々なのだろう。

一方、女川流域では、高田村の庄屋のうち、寛政十二（一八〇〇）～文化十二年（一八一五）の与五兵衛、文化十五～弘化三年（一八四六）の五右衛門の子孫は、須貝という名字を名乗っている。また、中東村の元禄十六年（一七〇三）の庄屋、彦右衛門の子孫も須貝を名乗る。小和田村の天保四（一八三三）～八年の庄屋、平左衛門の子孫は「菅」を名乗る[41]。さらに、荒川流域の水運・漁撈に関する民俗をまとめた赤羽正春氏編『越後荒川をめぐる民俗誌』の語り部七十三名に、須貝という名字の方が計五名含まれる。二名は高田・一名は中東・一名は桂に在住で（残る一名は荒川流域の高瀬[42]）、女川流域の須貝家が水運・漁撈に関する伝承を伝えている点は興味深い。領主権力との結びつきが弱かったためか、移封に従わず地元に残るという道を歩んだ須貝氏もいたことが分かる。

このように、移封に従う須貝氏と、越後に残る須貝氏がいた。それは、地域に根ざしながらも、状況に応じて上位権力に接近し、権益を保持あるいは獲得してきた、須貝氏一族の多様な活動のあらわれともいえるだろう。

注

（1）池享「大名領国形成期における国人層の動向」（同著『大名領国制の研究』校倉書房、一九九五年、初出一九八七年）。本稿では、各文献の副題を省略した。

（2）長谷川伸氏執筆分「小泉荘域における在地紛争とその解決方法」（『村上市史通史編1原始・古代・中世』九章三節、村上市、一九九九年）。

（3）　高橋重右エ門氏執筆分「発見の時代と背景」（『関川村史　通史編』第四編第四章第二節、一九九二年）。女川流域の中束には須貝刑部・須貝彦右衛門・須貝吉左衛門、南中には須貝甚左衛門、高田には須貝平右衛門・須貝治右衛門・須貝宗左衛門・須貝庄右衛門等が定住したという。この部分の典拠は不明確だが、伝承に基づく記述のようである（同著・広報せきかわ編集室編『せきかわ歴史散歩』関川村、一九八九年、一〇六頁）。この他にも、『関川村史』には鎌倉時代に須貝刑部が湯沢温泉を発見したとされることや、松沢山弘長寺を須貝氏等が庇護したことなども記される。同書では荒川本支流の流域に採鉄製鉄に関する伝説・遺跡が多いことなども指摘しており、又右衛門家の馬具の評価は難しいものの、技術集団としての性格があった可能性は排除できないだろう。

（4）　「越後文書宝翰集」（旧反町英作氏所蔵、現新潟県立歴史博物館所蔵）は「越」、『新潟県史資料編3～4』は『新』〇〇〇〇（通し番号）、『上越市史別編2上杉氏文書集二』は『上』〇〇〇〇（番号）として本文中に略記する。

（5）　『村上市史資料編1古代中世編』三八三号。写真は東京大学史料編纂所編『越後国郡絵図2瀬波郡』（東京大学、一九八五年）。以下、同絵図の出典は同じ。

（6）　坂井秀弥「絵図にみる城館と町」（石井進・萩原三雄編『中世の城と考古学』新人物往来社、一九九一年）。

（7）　佐藤博信「「色部年中行事」について」（同著『越後中世史の世界』岩田書院、二〇〇六年、初出一九七二年）。

（8）　小村弌「戦国・豊臣大名時代」（同著『幕藩制成立史の基礎的研究』第三編第二章第一節、吉川弘文館、一九八三年、初出一九五九～一九八一年を要約・補訂・改筆）。

（9）　田中達也「中世末期における湊町の空間構成と社会」（『大東文化大学紀要〈人文科学〉』第四七号、二〇〇九年三月）。

（10）　藤木久志「在地領主の勧農と民俗」（同著『戦国の作法　村の紛争解決』講談社、二〇〇八年、初出一九七六年を一九八七年補訂）。

（11）　六本木健志「北越後岩船潟の開発と岩船町」（『かみくひむし』第九三号、一九九四年六月）。

（12）　それぞれ、前掲注（1）池享氏論文、注（2）長谷川伸氏執筆分、注（3）高橋重右エ門氏執筆分。

（13）　矢田俊文・新潟県立歴史博物館編『越後文書宝翰集　色部氏文書Ⅱ』（新潟大学人文学部附置地域文化連携センター地域歴史文化保全部門、二〇一七年）六―五の写真で一部修正。本稿に引用する史料は、後代の張紙部分を省略し、一部踊り字の表記を修正した。また、適宜通用の字体に改めた。

（14）　後藤氏には、永禄八年（一五六五）を初見として、上杉謙信のもとで対関東、対奥羽の外交等に関わる後藤勝元がおり、天正二年（一五七四）にはその子息が「新六」と名乗っている（栗原修「上杉氏の勢多地域支配」同著『戦国期上杉・武田氏の上野支配』岩田書院、二〇一〇年、初出一九九六年）。天文八年の「後藤新六」は、後藤勝元かその父と考えられる。

（15）　前掲注（13）矢田俊文氏・新潟県立歴史博物館編書、五―十二の田嶋悠佑氏解説。

（16）　田嶋悠佑氏は、「御正印」が上条定憲をさすとする長谷川伸氏の説（長谷川伸「長尾為景の朱印状と「越後天文の乱」」『古文書研究』第四一・四二合併号、一九九五年十二月）を定憲の活動時期によって否定している（前掲注（15）田嶋悠佑氏執筆分）。天文四年には、上条定兼（定憲）が「正印」と呼ばれているが（「武州文書」高橋義彦編『越佐史料（巻三）』八一九頁）、高野山清浄心院の「越後過去名簿」によると、定憲は天文五年四月二十三日以前に死去している（前嶋敏「越後享禄・天文の乱と長尾氏・中条氏」『中央史学』第三七号、二〇一四年三月）。天文八年の「御正印」を特定するのは難しいものの、上条家嫡流の安夜叉丸や頼房など（森田真一『上杉顕定』戎光祥出版、二〇一四年、一七三〜一七八頁）が想定できるだろうか。

(17) 享禄四年の越後衆連判軍陣壁書写に「加地安芸守春綱」とみえる（「上杉家文書」『新』二六九）。

(18) 井上将監は、色部氏の被官と思われる。「色部氏年中行事」で色部氏のもとに参上する在郷衆、牛屋衆、所属不明者に井上氏が確認できる（九丁表、一四丁裏、二〇丁裏）。

(19) 前掲注（1）池享氏論文。

(20) 色部弥三郎（勝長）は、享禄・天文の乱で上条方の軍事力として期待されている（「古案記録草案」『新』二〇八〇、「歴代古案」羽下徳彦ほか校訂『歴代古案第二』一三五号）。

(21) 前嶋敏「戦国期越後における長尾晴景の権力形成」（『日本歴史』第八〇八号、二〇一五年九月）。

(22) 『大日本古文書　伊達家文書之二』一六〇号。

(23) 以下、同史料の出典は同じ。【史料3】は田島光男編『越後国人領主色部氏史料集』（神林村教育委員会、一九七九年）の写真で一部修正した。「舟河衆」の「舟」の字は、写真を見る限り、「女」をそれと認識出来ずに書き写そうとした字である可能性も全くないとはいえない。しかし、そのように確定することは難しく、字形としては、『新潟県史』の翻刻通り「舟」の字とみるのが自然であるため、本稿でもこれに従う。

(24) 中野豈任『祝儀・吉書・呪符』（吉川弘文館、一九八八年）七六〜九七頁。御家内衆は正月朔日条（二丁表〜三丁裏）、小嶋同名衆は正月四日条（八丁裏〜九丁表）、加地牢人衆は正月十日条（一九丁表〜二〇丁表）に登場する。寺社では、正月三日条の青龍寺（七丁表〜八丁裏）、正月十九日条の千眼寺（二一丁表）も五献の饗応を受けている。

(25) 赤羽正春編『越後荒川をめぐる民俗誌』（アペックス、一九九一年）八一〜九一頁。

(26) 山本隆志「高野山清浄心院「越後過去名簿」（写本）」（『新潟県立歴史博物館研究紀要』第九号、二〇〇八年三月）。

(27) 「川村文書」『山形県史資料編15上古代中世史料1』二〇六頁。弘治年間には、須貝氏の活動範囲が本庄領にまで広がっていた可能性もある。

(28) 「河内千代衛氏所蔵文書」『神林村誌　資料編下』一六四〜一六八頁。

(29) 田中達也「領域の再編と開発」（同著『中近世移行期における東国村落の開発と社会』古今書院、二〇一一年）。

(30) 矢田俊文「中世水運と物資流通システム」（同著『高志書院選書6地震と中世の流通』高志書院、二〇一〇年、初出一九九九年に加筆）。

(31) 市立米沢図書館デジタルライブラリー、林泉文庫三八七の写真で一部修正した。【史料5】も同じ。

(32) 高橋義彦編『越佐史料（巻五）』八一二・八一三頁。

(33) 前掲注（11）六本木健志氏論文。

(34) 山口和雄氏執筆分「浦役」（『国史大辞典　第二巻』吉川弘文館、一九八〇年）。

(35) 「斎藤実寿氏所蔵文書」『新潟県史研究』第一九号（一九八六年三月）四四五七号を、東京大学史料編纂所架蔵写真帳「斎藤実寿氏所蔵文書一」（六一七一・四一―二三一―一）により修正。池享氏執筆分「支配制度と諸負担」（『村上市史通史編1原始・古代・中世』十二章二節、一九九九年）も参照。池氏は、色部領の岩船町自体が上杉氏の支配下に入った可能性が高いとするが、それを直接的に示す史料はない。

(36) 阿部哲人「上杉景勝の揚北衆掌握と直江兼続」（『新潟史学』第六三号、二〇一〇年五月）。

(37)天正十六年二月には、「今度之かせき粉骨」によって、須貝五兵衛という人物が景勝から銭六貫文を下賜されている。「覚上公御書集」の記事（地の文）によれば、五兵衛は下条実頼（大見氏一族）の家臣で、新発田重家方の残党を鎮圧したことにより銭を下賜されたという（東京大学文学部『覚上公御書集　下』臨川書店、一九九九年、一四七・一四八頁）。

(38)「古案記録草案　二」井上鋭夫編『色部史料集』（新潟史学会、一九六八年）一二七頁。伝承によれば、貝附にある貝付要害城の城主は、須貝伊賀守であるという。この城の目的は、荒川の舟運や往還道を扼することで、対岸の小岩内城との繋ぎであったと評価される。小岩内城は平林城の出城といわれ、ここにも小笠原貞慶が滞留したという伝承がある（田中真吾氏・大場喜代司氏執筆分「岩船郡内の城館の分布」『村上市史通史編1原始・古代・中世』六章四節、一九九九年）。伊賀守や貞慶の居所が移動した可能性も含めて、こうした伝承の検討は、今後の課題としたい。

(39)「東京大学史料編纂所所蔵文書」『信濃史料　補遺巻上』五三一・五三二頁。

(40)前掲注(24)中野豈任氏著書五一〜五五頁。

(41)小村弌氏執筆分「郷村支配制度」（『関川村史　通史編』第三編第一章第二節、一九九二年）。庄屋子孫の当主名とその由緒は、高橋重右衛門氏（ママ、重右エ門氏か）の調査。「菅」は、元々「須貝」であった可能性もあるだろうか。

(42)前掲注(25)赤羽正春氏編書、一七〇〜一七二頁。

最上義光と「庄内之儀」

―豊臣政権の施策と方針―

戸谷穂高

はじめに

本稿の目的は、「庄内之儀」をめぐる様相を具体的に再検討することで、出羽庄内紛争に対する豊臣政権の施策の展開と、対東国政策総体における位置づけを考察することにある。

天正年間後期、出羽山形の最上義光は、同国庄内大宝寺氏（義氏・義興・千勝丸義勝）およびこれを後援する越後本庄繁長との軍事衝突を繰り返し、それはしばしば「庄内之儀」として史料上にあらわれる。政権もこの紛争を重大な政治事案として認識、最上側に徳川家康・富田一白、大宝寺側には上杉景勝・石田三成・増田長盛を交渉役に用意し、当該地域の安定を図った。そのため「庄内之儀」は単なる局地戦としてではなく、「惣無事」等の諸施策の内容、「取次」に代表される意思伝達のあり方を探るうえで大きな注目を集めてきた。

この紛争の概要と推移とを広範に扱ったものに、藤木久志氏・粟野俊之氏・竹井英文氏の論考がある。(1)藤木氏は、庄内紛争の当事者最上氏・上杉氏に対して上洛、抗戦の凍結が命じられたとして、伊達政宗による南奥進出への対応とあわせ、「惣無事令はもとより単なる和平調停であったわけではなく、戦争を豊臣政権の裁判権のもとに接収し、関係する大名たちに上洛臣従を強制することによって、奥羽全域をその支配下に編制することをめざしていた」とする学説の根拠に位置づける。(2)

粟野氏は前史たる大宝寺氏傘下東禅寺氏永の自立から起筆し、最上氏の庄内制圧と豊臣政権の介入、「惣無事」令による越後勢の出兵禁止、上杉氏（本庄氏）の反攻と最上氏の上申、政権による裁定へといたる展開を追究した。そのうえで、「戦闘行為に伴う所領変動が実際に裁定に持ち込まれ」たことから、上野国沼田領とともに「庄内をめぐる豊臣裁定は豊臣政権が持つ裁判権の本質を明らかとする好個な素材」と評価する。(3)

竹井氏は、右に代表される先行研究が「惣無事令」という全国法令の存在から演繹的に解釈していると批判、庄内地方をめぐる政治情勢＝「庄内問題」の推移、なかでも徳川家康書状等の年次比定を通じて、豊臣政権の対応に注目しつつその詳細を解説した。そして最上義光—徳川家康—富田一白ラインと本庄繁長—上杉景勝—石田三成・増田長盛ラインのうち、優越する後者の意向に対庄内政策は規定されたと指摘、「実際に双方の意見を聞いて領土を決定し、検使を現地に派遣して解決した「沼田問題」とは同レベルに捉えることができない」とした。[4]

右の先行研究にはそれぞれ次のような課題が存在する。藤木氏は九州停戦令を核とする豊臣「惣無事」令論を形成するにあたり、奥羽における他事例と同様、庄内紛争には学説補強の役割を与えるにすぎない。それと対照的に、粟野氏は同地域を対象に詳細な追究を施すも、他地域との相互比較が不足している。また竹井氏は、政治状況の逐次的変化を解説し、政権の対応にみえる方針のぶれを強調するにとどまる。なお粟野・竹井両説には、相論当事者が示した論理への関心が乏しい。

そこで本稿では、第一章で「庄内之儀」の局面を具体的に記す重要史料、最上義光宛徳川家康書状写五通の発給年次を再比定し、特に天正十六年に本格化した政権の介入、および義光ら当事者の対応と論理を整理する。ついで第二章では、天正十五～十七年にいたる「庄内之儀」を総体的に捉え直し、さらにそれと隣接する施策「惣無事」通達の時期とその意義について自説を示す。第三章では、ほぼ同時期に表面化した会津領・沼田領相論との相互比較を通じて共通項を探ることで、政権による東国統合過程を模式的に捉える。

ここで、本稿における「惣無事」の用法についてあらかじめことわっておきたい。筆者は先学の見解とは一線を画し、政権の施策としての「惣無事」を「(南陸奥・北関東領主の)合議による紛争解決と境界未画定・境目領主温存という秩序維持の手法を承認したもの」[5]と捉えたうえで、「惣無事」令を時限立法(天正十五年冬～十七年夏)・地域限定法令と評価、出羽庄内地域を「惣無事」令施行の対象外とみなしている。[6] 先行研究に言及する必要性もあってやむなく使用するが、本稿での考察結果は筆者の描く「惣無事」像には一切抵触しない。

なお、本稿に登場する元号は「天正」のみであることから、今後は原則として省略する。

第一章　最上義光の「庄内之儀」上申

第一節　徳川家康書状写の年次比定

本章でとりあげる家康書状写はいずれも「書上古文書」七[7]に収められており、その載録順に排列する。(傍線・丸数字は筆者、以下同様)

史料1(中村孝也編『徳川家康文書の研究』七一六頁)

①出羽庄内之儀付而富田(一白)方迄被申越候通、則披露被申候処、於(平出)上意聊無御別条御懇之由、此方江も自左近(一白)方申来候、為御一覧彼書状進候、先以目出候、京都之様子其方之使者淵底候、②家康も驪而上洛申候条弥可申上候、定殿下(羽柴秀吉)不可有御異儀候之間可御心安候、雖然③境目聊爾之御行御無用候、将又伊達(政宗)之儀骨肉之御間之由御入魂にて尤候、其由伊達へも申越候間、玄悦(元越)可申候、委細彼口上ニ候、恐々謹言、

三月九日　　家康御判

山形出羽守（義光）殿

史料2（『同』七一七頁）

①庄内之儀具京都へ申上候処、委被達　上聞、無御別条可被仰付之旨、其方江被成御書候、先度富田方より返書候間、即為御一覧進候、重而可被得其意候、左様候へ者②其方之仁躰一人早々被差上尤候、③家康事も頓而上洛申候間、（平出）御前之儀弥可然様可申上候、於時宜者可御心安候、猶期後音候、恐々謹言、

三月十七日　家康御判

山方出羽守殿

史料3（『同』七一八頁）

①従　殿下其方江被成　御朱印候之間、自此方も書状差添候、然者②庄内之儀付而、本庄（繁長）横惑之段能々可被達（平出）上聞、聊無御別儀可被仰付候旨ニ候之条、於様子者可御心安候、委細小関（大学）ニ申含候間不能祥（詳）候、恐々謹言、

三月十七日　　家康御判

山方出羽守殿

追而、小袖一段進候、祝儀計候、

史料4（『同』七一八頁）

①飛脚被差上候、紙面・口上得其意候、則上洛申候て其表之様子委関白様（羽柴秀吉）江申上候処、右御朱印被成候上者弥少も無御別条候、然者其方自最前　殿下へ無二依被申寄、②其元国人偏執之由申上候へ者一段御懇之御意候、御身之上之儀何様ニも被成御不沙汰間敷由被　仰出候、時宜可御心安候、将又③自此方案内者進候者早々御上洛専一候、尚口上相含候之条不能筆候、恐々謹言、

卯月六日　　家康御判

山形出羽守殿

史料5（『同』七二〇頁）

今度寒河江外記（光俊）依被差上、芳簡委細預示、殊若大鷹給候、為悦之至候、兼又①庄内之儀付而、自　殿下被成御書如御存分被仰付、一段　御懇之御様躰難尽紙上儀共ニ候、誠御本望目出候、然者②其方御上洛之儀遅延候而も不苦之由御意候間、御領内無異儀候様ニ御仕置肝要存候、③其元之時宜家康直々申上候処御懇之旨不大形候、具外記口上相含候、尚追而可申達候間令省略候、恐々謹言、

五月三日　　家康御判

山形出羽守殿

4以外は「庄内之儀」を主題とし、特に1～3は日付も近似することから、研究史上、これら五通は同一年の発給とされることが多く、大分して十六年説と十七年説とが並立してきた。(8) しかしその文面には細かな相違も存在するため、両年における秀吉・家康の動向に注目しつつその内容を確認していきたい。(9)

まず、三月十七日付の3①には「従殿下其方江被成　御朱印候之間、自此方も書状差添候」と、家康が秀吉朱印状に呼応して書状を発給したこと、つまり秀吉に近侍する状況がみえる。『家忠日記』十六年三月十九日条には「家康様去十四日ニ岡崎

ヲ御上洛之由候」とあるものの、同年発給と比定される三月十九日付富田一白宛羽柴秀吉書状[10]が「家康今日草津辺迄被上之由得其意候、従是使者可遣候」と記すように、家康は同日段階でも近江国草津にあって、未だに上洛を遂げていなかった。また秀吉は『親綱卿記』三月三日条に「鷹野江被出」ことが知られ、また『家忠』同年三月二十五日条に「関白様去廿二日京都へ御帰候」とあることから、秀吉も十七日時点で京都を不在としていた可能性が高い。よって3を十六年と比定することは不可能である。

かたや十七年は、『家忠』二月二十八日条に「今日殿様（家康）御上洛」、ついで『家忠日記増補追加』[11]に「三月七日、大神君御入洛」とあり、そして『鹿苑日録』が三月十七日時点における家康の在京を記す。また秀吉についても、『言経卿記』が三月十三日条に「殿下御上洛也云々、先茨木、次淀城、次御上洛了」とその上洛を記すことから、同月十七日に秀吉・家康両人が京都で書状をしたためることは十分可能である。よって3は十七年発給と比定される。

それでは、3と同一の日付をもつ2はいかがであろうか。2①には「庄内之儀、具京都へ申上候処、委被達　上聞」とあり、入京前の家康が在京中の秀吉に「庄内之儀」を上申したことがうかがえる。よって、ともに在京する両人が「御朱印」・副状を発給した史料3＝十七年の状況とは相違することから、十七日段階で家康が未入京である十六年への比定が適切である。

ひるがえって1（三月九日付）は、その末尾に「其由伊達へも申越候間、玄悦（元越）可申候、委細彼口上ニ候」と、伊達氏に近しい出羽修験者元越に口上を託していることが読み取れる。小林清治氏は、元越が「おそらく上洛の帰途に家康と接触し奥州に向ったものとみられる」[12]とし、十六年発給とみる余地を残すとともに、十七年発給が確実な二月五日付元越宛義光書状[13]を引用、その文面「自上方御使節なとも候者、於其元懇切可然候」を念頭に、この「二月五日付最上義光書状を国もと（米沢）で受領した」元越が「上洛帰途において三月九日ころ家康に接触する想定はきわめて困難である」との不在証明を提示することで、十七年発給の可能性を排除した。

なにより文面②に家康が未入京である旨が示されていること、そして十七年説には三月七日の入京記事という反証（ただし二次史料）が存在することから十六年説が有力とみてよかろうが、一次史料に拠ったより精緻な比定は後日を期したい。

ついで史料4・5の比定にとりかかる前に、四〜五月を中心に家康・秀吉の動向を整理しておこう。十六年における家康は、『多聞院日記』三月二十九日条に「家康上洛、則大坂へ下了云々」とあるものの、四月十四日の聚楽第行幸供奉にともなうそれ以前の再入京、二十七日の本国（駿河）到着（『家忠』）が知られる。秀吉は先述『家忠』三月二十五日条にみえる帰京以来、四月二十五日の「殿下大坂へ御下向也云々」（『言経』）にいたるまで、洛中・近郊での活動が断続的に確認されることから基本的に在京していたとみてよい。

一方の十七年は、家康は二月二十八日に国元を出立（『家忠』）、その後三月十七日（『鹿苑』）・五月二十二日（『お湯殿上日記』）時点での在京を経て、六月七日には三河田原に到着している（『家忠』）。秀吉は四月六日に入京（『武徳編年集成』（14））、五月四日に帰坂（『言経』）、のち十九日に再度入京をはたしている（『同』）。

まず4①は、義光が遣わした「飛脚」から「紙面・口上」を受領、その後の上洛と秀吉への上申、秀吉からの朱印状発給という一連の行為が四月六日以前に完了したことを物語る。仮に十七年とした場合、出立する二月二十八日、遅くとも在京が確認できる三月十七日以前には義光の現況報告（「其表之様子」）に接しながら、具体的行動を控えて悠長に構えていたところに、四月六日になって突如、しかも入京直後の秀吉に朱印状発給を求めるという不自然な状況説明を強いられる。また、4①「御朱印」と3①「御朱印」との相互関係を整合的に説明することも困難である。よって十六年発給の可能性が大である。

残る5（五月三日付）は、③に「其元之時宜、家康直々申上候」とあることから、それ以前数日内での直接対面が可能である十七年に確定する。

以上、1＝十六年、2＝十六年、3＝十七年、4＝十六年、5＝十七年という結論を得た。その点、全五通を同一年に比定した先行研究は、文面に含まれる細かな起伏を反映しないままに政治過程を平板に叙述してきた恐れがある。よって次節以降では、重複を恐れずに情勢の推移を再確認していきたい。

第二節 「庄内之儀」と最上義光の論理

本節では、家康書状に記された内容により深く踏み込み、特に政権が示した認識と対応、そして義光の自己正当化の論理に注目していく。

まず1①からは、最上義光の音信が富田一白・家康に向けて発せられ、このうち前者による披露が主たるルートとして機能していたことがうかがえる。また一白は別途その首尾を家康に伝え、家康はそれを義光に転送していた（1・2）。このやり取りをふまえて家康自身も上申をおこない、2①ではそれに応える義光宛秀吉「御書」が発給されるにいたったが、秀吉の対応はいずれも「無別条」と記すにとどまる。このことから、義光の音信にも喫緊の政治的要請は乏しかったものとみられる。

むしろ1の重点は文面後半に置かれているとみるべきで、③では境目における聊爾の軍事行動を戒め、特に「骨肉之御間」との論理から伊達政宗との入魂を勧めている。また2②には「其方之仁躰一人早々被差上尤候」と、最上氏における要人を代官として上洛させる案が示されていることに留意したい。

続く4①からは、義光が派遣した「飛脚」の趣旨をうけて家康自身による披露がなされたこと、「御朱印」が発給されたことなど、「飛脚」という伝達者の性質とあわせ、三月段階と比べてより切迫した事態がうかがえる。具体的には②「其元国人偏執」、すなわち出羽国衆が最上氏を軽んじ侮っている旨を訴えるものであり、これに対して秀吉はひとまず義光の身上を保障したものの、家康個人は「案内者」の提供を申し出るなど、義光自身の上洛が事態の好転につながるとの見解を③で示す。

そして、この状況下で最上領内を訪れたのが上使金山宗洗である。

史料6

如芳札、其後杳々絶音問、御床敷存候処、示給本望候、仍此方従　関白様為上使金山宗洗公当地へ着、山形へ上越候条、致案内者不計罷上候、定而於其許各可〔無カ〕御心元候間、可申届候処、俄事候間無其儀候、彼方送届申、則罷帰候間、此程速御音問候ツ、然者彼御使節之御意趣、①天下一統ニ御安全ニ可仕執成之段被思食候処、出羽之内へ自越後口弓矢を被執鎮由、達　高聞不謂之旨、并②義光出羽之探題職被渡進候ニ、国中之諸士被随山形之下知候哉如何、如斯之儀を以被指下候、依之山形之威機を宗洗公被聞之、一昨日此方へ入来候而、即昨日越国被指遣使者候、様躰如何可有之候哉、返答候者可申入候、（中略）

中山播摩守

（天正十六年）
潤五月十一日　　光直（花押）(15)

潟保治部大輔殿御返報

庄内大浦に駐留する最上氏部将中山光直は、出羽由利郡領主潟保氏に宛てた史料6のなかで、「案内者」として山形へ「罷上」ったと述べており、宗洗は庄内に入ったのちに山形へ赴いていること、「一昨日」＝九日に再び庄内に入って越後国に使者を派遣するなど、調停作業を進めていたことが読み取れる。そして当事者たちは宗洗の下向目的「御使節之御意趣」を次のように認識している。

①天下一統にわたる「御安全」を実現すべく、義光にその差配を命じようと（秀吉が）思し召しになったところ、越後口から出羽国内に向けて鎮圧に取りかかったことがお耳に達し、怪しからぬ振る舞いとしてお憤りであるため。

②義光に出羽探題職を任せたところに、出羽国内の諸士がその下知に従っているかどうか確かめるため。

最上陣営に属する光直の発言である以上、これら、特に案件②は義光が自身の正当性を喧伝するために創出された側面も無視できないが、上使の派遣そのものは、史料4に「其方自最前殿下へ無二依被申寄、其元国人偏執之由申上候へ者、一段御懇之御意候」とあるように、義光がかねてより秀吉を強く頼んでいたことを背景に持つ。

なお「国中」論理については、遠藤ゆり子氏が「庄内をめぐる越後上杉氏と最上氏の戦争が最も激しくなる天正十一年四月の段階に及んで、（中略）出羽国内国衆等の持つ空間的認識、越後国に対する「（出羽）国」所属意識に訴えて、同じ「国中」なのだからという共同体的観念として「国中之儀」を創出した」(16)と指摘しており、国内向けの側面が強い論理として、筆者もその位置づけに賛同する。

その一方で遠藤氏は最上義光の掲げた「探題」論理につき、「豊臣の惣無事令に違反したことを咎められたさい、秀吉の関白職の論理に対抗するために」持ち出されたと評価するが(17)、「惣無事令」そのものの見直しが進み、秀吉権力の源泉として関白職のもつ比重が減少した今日、この評価には再考の余地がある。外向きの論理「探題」を用いた義光の意図は、国外勢力本庄繁長の影響力排除にのみ限定されており、豊臣政権への対抗策との性格を殊更に強調すべきではないだろう。

その点、藤木氏は「大名権の補強を計る最上氏の宣伝という趣も感じられるが（中略）国中の諸士を最上氏のもとに従属させることによって出羽戦国の終息を計る構想が豊臣方にあったことは否定できない」との見解を示し(18)、政権・最上氏間の連携を肯定的に捉えている。

また案件①も政権との同調を前提とする以上、十六年夏段階で義光が問題視しているのは、出羽国内情勢に対する越後勢力の介入行為であり、これこそが十六年夏段階における「庄内之儀」の内実であった。

第二章　「庄内之儀」の変容

第一節　天正十五年段階の「庄内之儀」

かつて筆者は「関東・奥両国惣無事」をめぐる議論に接するなか、金山宗洸には十三年秋〜冬、十四年末〜十五年春、そして十五年末〜十六年秋という計三度におよぶ奥羽下向の実績があることを、それぞれの経路とあわせて確認した(19)。例えば前章で挙げた史料6光直書状は第三次下向時の活動を示す史料だが、第二次の主目的も最上・大宝寺間紛争の調停にあり、この事案は十四年末以来連綿と続くものであった。そこで本章では、十五・十七年を含めた庄内紛争の概要にふれるなかで上使金山宗洸の活動にもあらためて注目していきたい。

（十四年）十二月二日付大宝寺義興宛伊達政宗書状写(20)には「就彼一和成就ニ、為一礼御使（中略）被指越之候」とあり、大宝寺・最上氏間の一時停戦が確認される。その状況は少なくとも翌十五年二月段階までは維持されたようで、以下に、この頃の発給で大宝寺家中東仙斎宛とおぼしき伊達政宗書状写（後欠）(21)と、そこから読み取れる注目点を示す。

①此度自上宗仙〈金山氏ナルヘシ〉其庄《（庄内）》江下、殊其元無事之義モ候由、先立其趣候ツル哉、案外不及是非候、随之義興御存分之通、条々被顕紙面候、乍不始事、大慶至極ニ候、此由心得尤候、兼又②彼宗仙関白権門之体之唱、毎年〈二字破レ不見〉相下候キ、定而今度モ可為其辺迄、扨々無事之義被相曖可然候、前日両人被越候間、得其意、増田〈我息斎歟〉方ニ是非共可被出合候由、自是慥申越候、定而漸可為半途候哉、乍勿論、能々相談之上、何辺成就之義可為簡用、

①十五年二月初頭、金山宗洸が庄内へ下向し、大宝寺・最上氏間の和睦調停に乗り出していた。

②関白上使宗洸の下向は例年のことであり、その経路は伊達領経由で庄内地方を終点とする、内陸部を通過するものであった。

伊達政宗が中人として義光・大宝寺間相論を調停する(22)、出羽内部での秩序維持機能に政権は期待を寄せており、その点、十六年三月の史料1②にみえる施策、徳川家康を窓口として伊達

政宗との「骨肉」論理を持ち出し、最上氏との関係を調整する方針とに継続性がみえる。

ところが実際には、本庄繁長をも含む相論関係者は停戦状態の継続を模索したものの、十五年十月頃に当事者大宝寺義興の拘束という重大な政治事案[23]が発生、繁長実子で義興の養子となっていた千勝丸（のちの義勝）は一旦越後へ退去した。

以上が十五年段階における庄内情勢のあらましである。

第二節　上使金山宗洗と「惣無事」

上使金山宗洗は「惣無事」文言を含む文書を東国各地にもたらしたことでも著名である。「惣無事」関係文書はA～Dの四群に分類されるが[24]、宗洗はB群のうち二通、およびC群のうち数通を携帯し、某年に下向したことが確実視される。「惣無事」をめぐる議論のなか、これら文書群は、文面の比較検討という具体的論点とともに、政治基調としての評価、法源や法体系における位置づけなど、施策の総体的な性格を問う際の素材とされてきたが、本稿ではそれらへの言及は措き、庄内地域と密接に関係するB群の年次比定をおこなっていく。

B①

雖未申通候令啓候、然者奥両国惣無事之儀、御書被差遣候、路次等之儀憑入候、於上辺御用之儀候ハヽ、可被仰越候、相応之儀可令馳走、猶宗洗可申入候、恐々謹言、

極月三日[25]　（羽柴秀吉）（花押）

奥州（義胤）相馬殿　御宿所

B②

雖未申通候令啓候、然者従関白殿、関東幷奥両国惣無事之儀、此宗洗被差遣候、其元路次等宿送之儀被仰付候者可為満足候、向後於上辺御用之儀候者可蒙仰候、不可存疎意候、猶口上ニ可申入候、恐々謹言

極月廿日[26]　（花押）

下越後（繁長）本庄殿　御宿所

筆者は宗洗の下向目的・経路の検討を通じ、B①②＝十五年との立場を表明した[27]。その要旨の一部をあらためて示す[28]。

1．（十六年）二月二十日付本庄繁長宛直江兼続書状に「従関白様出羽へ之御使者幷羽州之使、只今下向候間、其元境目無相違様ニ被仰付尤候」とあり、兼続は「関白様出羽へ之御使者幷羽州之使」に対する馳走を繁長に依頼、上使宗洗は十六年二月下旬に上越経由で下越本庄領へ進んだこと。

2．史料6光直書状の記述から、第一・二次（前掲政宗書状写）が内陸部を進んでいたのとは異なり、第三次下向は日本海沿岸を直行したものであったこと。

右は竹井英文氏がB②を十四年発給と比定したことへの反論である。氏は、十六年一月に最上氏が訴えの使者派遣→三月初めに富田一白のもとに到着、秀吉に披露（史料1～3）→三月もしくは四月に宗洗を山形に派遣→閏五月に山形へ到着、と経過を推測したうえで、B②＝十五年説を否定、十四年説を妥当とするにあたり、「「庄内問題」が激化している十五年十二月前後の時点で、本庄氏に対する初信であることや、本庄氏に対して停戦を求めたり追及したりせずに、「路次宿送」の便宜のみ

を依頼することは考えにくい」[29](傍線・補注筆者)こと、また「(宗洗が)十五年十二月に出発し、十六年閏五月まで半年以上ずっと奥羽に滞在していたとも考えにくい。その理由は、なによりも史料10(=史料6光直書状)での宗洗の活動は、最上氏から「庄内問題」の訴えを秀吉(一白)が聞いた史料11(=史料1家康書状)以後に派遣されたからこそ行える活動のはずだからである」ことを根拠とするが、これらはいずれも史料的根拠を欠いた予断にすぎない。さらに前章において家康書状写の年次が再比定されたことで、「庄内問題」の政治過程にかかわる氏の見解は部分的修正を迫られる。

すでに拙稿では、十五年十二月段階にあってなお、B群が本庄繁長のもとへ初信としてもたらされる必然性を論証しているが、本稿でもB①②=十五年説をさらに補強する。まず②にのみ「此宗洗」と記されている点は本庄繁長が宗洗とは初対面であることを思わせ、またB①・②間の相違、前者が十二月三日付陸奥国相馬義胤宛、後者は同二十日付越後国本庄繁長宛である点は看過できない。特に日付の相違に注目すれば、例年どおり陸奥経由で宗洗を派遣すべくB①を発給したものの、のちに何らかの事情があって二十日にB②をしたため、宗洗を日本海沿いに庄内へ直行させた、という仮説を提示できる。

それでは、十四年もしくは十五年冬に政権に経路変更を迫るだけの事態が生じ、かつその情報が①・②間の十二月中旬に上方へもたらされる状況は存在したのか。この点のみは、史料的根拠ではなく政治情勢との照合に拠らざるをえないが、十四年末以降少なくとも三ヶ月間は最上・大宝寺氏間に「一和」が保たれており、十四年説の可能性は低い。一方、十五年十月に最上陣営による大宝寺氏の駆逐、庄内の制圧があったことは先にみたとおりである。

十五年冬に出羽在来の秩序維持能力が限界を迎え、また史料6中山光直書状①にあるように、越後本庄氏の介入が本格化、事案が出羽国外へと越境・拡大するにいたり、政権はより切迫感をもってB②を作成、翌十六年春に宗洗を庄内へ直行させたと考えられる。

以上、「物無事」関係文書B①②=十五年との結論を得た[30]。これによれば、①②と強く連関するC群もおのずと十五年発給に比定されようが、その確定作業は別稿でおこなう。

第三節　天正十七年段階の「庄内之儀」

竹井氏は、多くの先行研究がいわゆる「惣無事令」を「東国社会に大きな影響を及ぼすものと想定し、その年代比定の変化に合わせて無理に東国の政治情勢を整合的に解釈しようとしている感が否めない」[31]と批判したが、氏自身、明証のないままに多くの予断をもって発給年次を比定しており、その叙述には検討の余地がある。

例えば氏は、家康書状史料1・3をもとに、最上氏が「庄内之儀」および「本庄横惑之段」、具体的には十六年一月に本庄繁長・大宝寺義勝父子が庄内に再度侵攻した状況を富田一白へ訴えたと解説するものの、両史料は年次を異にする以上、1「庄内之儀」と3「庄内之儀付而、本庄横惑之段」は決して等値ではない。そこで、十七年発給と再比定した家康書状3・5の内容とあわせて、同年の経過を再確認する。

既述のとおり、3は①に秀吉「御朱印」と家康「書状」とがあわせて発給された旨を記し、ついで②に「庄内之儀付而、本庄横惑之段」とある。「本庄」と突如名指しして訴えた「横惑之段」とは、十六年七月から八月にかけて越後本庄繁長が実子である大宝寺義勝を後援して庄内を奪取した、いわゆる十五里原合戦[32]を契機とする侵入行為であろう。

ここに出羽国内外にわたる事案として先鋭化した「庄内之儀」であったが、それよりも先行して、義光はすでに「国中」・「出羽之探題」以外にも国内外向けの論理を掲げていた。(十六年)五月十七日付小介川治部少輔宛最上義光書状写[33]では「庄内就属手裡候、小国事越後境へ罷除候ツ、依之我々相理候分者、三庄之諸士皆以当方相守候条、被罷帰各同意ニ奉公可然候由雖相理候、無合点于今境目ニ有之、越者引卒及干乱候、併如存罷成候」と、「三庄之諸士」は当方最上氏が守ると宣言、内部の結束を謳う一方で、侵入した「越者」を撃退した旨をもあわせ記すように、排外意識を強く打ち出している。

なお菅原義勝氏は、当初、地理的空間に地域内(人的)結合状況をも包含した意味で使用されていた「庄内(庄中)」文言は、地域外勢力である最上氏が大宝寺氏を駆逐したこの時期から地理的空間としての意味に純化していくと指摘する[34]。これによれば、義光は自身を「庄内」地域の庇護者として新たに位置づけ、「庄内之儀」を対越後本庄氏という外交問題として上申する意思を表明したと考えられる。

また、十六年四月発給の家康書状史料4③にはすでに義光自身への上洛要請がみえていたが、十五里原合戦での敗北によって、八月に庄内を喪失したばかりの義光は、隣国陸奥の葛西晴信に書状[35]を送り、「兼日大崎(義隆)・葛西(晴信)・我等之事者、隣郡懇切之事ニ候、於上洛者三人同心ニ白砂迄も可致祇候之由申上候間、自然従上方向後ニも上洛可有之由候者、右旨御挨拶可然候」と記している。ここで、「隣郡」論理のもとで晴信、さらに大崎義隆との一体感を強調し、三名が同心・上洛して「白砂」まで祇候する意思がある旨を上方からの使節に返答したと述べるなど、政権を裁定機関と頼む姿勢を強く見せている。

次章で詳述するが、十六年夏・秋当時には南陸奥領主へも同様の上洛要請があるものの、伊達政宗・蘆名義広はいずれも積極的行動を見せずに終わった。南陸奥に政権の裁定を希求する気風が薄かったことがうかがえる一方、具体的な理論武装とあわせ、近隣領主と相語らって上洛・訴訟へと能動的に動く義光の反応速度には目をひくものがある。

そして、秀吉はついに十二月九日付上杉景勝宛書状[36]で「至来春山形(義光)をも可被召上候条、其刻本庄(繁長)をも可被差登、様子被聞召、理非次第可被仰付候」と、最上義光と本庄繁長の双方を上洛させ、糾明を遂げたうえで「理非次第」によって庄内領有を裁定するとの方針を示し、「其中互手出不可有之候」と一切の戦闘行為を禁じた。これをもって「庄内之儀」に九州とほぼ同様の停戦令[37]、すなわち①停戦命令②理非聴取と裁定③境目画定

④違反者への制裁という要素からなる方針に、①②間に当主上洛を差し挟むアレンジが加わったこと、南出羽の秩序回復が政権の手に委ねられたこと、そして政権の構想を受けて義光が内外向けに提唱した「国中之儀」他の論理をしても、庄内の動揺、越後勢の侵入を抑止できなかったことが読み取れる。

義光は翌十七年春に「本庄横惑之段」(史料3)、すなわち前年十六年秋から始まる繁長の出羽侵入と庄内制圧に対して敏感に反応した結果、つづく史料5には、代官寒河江外記光俊の上洛にくわえ、①秀吉「御書」の発給によって義光の存分どおりに仰せ付けられたこと、光俊上洛の効果か②義光自身の上洛遅延は容認されたことがみえる。しかしこれとて、進退が永続的に保障されたものとは評価しがたい。

ここで、具体的な文面は不明ながらも、家康書状1～5から存在が想定される秀吉発給文書を年月日順に排列してみると、1なし、2「御書」、4「御朱印」、3「御朱印」、5「御書」という具合に、「無別条」ことを保障するのみの「御書」から、4「国人偏執候由」・3「本庄横惑之段」という情勢に応じて安堵を与える「御朱印」を経て、そしてふたたび「御書」へとトーンダウンしていることが注目される。この点からも、義光への安堵が最終決定したわけではないことがうかがえよう。

本節では、最上・大宝寺氏を核とする秩序維持が限界に達し、十六年秋から政権による裁定へと移行したこと、またこの施策転換の前提には当事者の意向との同調があったことを指摘した。

第三章　「庄内之儀」と会津・沼田相論

第一節　他相論との比較

これまでの考察から導き出された「庄内之儀」の経緯を、当事者最上義光の主張・論理、および政権の要求内容を整理しながら以下にまとめる。

十四年…翌十五年上半期にかけて一時停戦／**十五年**…(冬)紛争再燃・秩序破綻／**十六年**…(春)上洛要請の初見、(夏)上使金山宗洗下向、(秋)十五里原合戦→庄内失陥、(冬)停戦命令／**十七年**…(春)「本庄横惑」との訴え、代官寒河江光俊上洛、義光上洛遅延の容認／**十八年**…(春)上洛無用、状況を考慮したうえでの小田原参陣を推奨→六月下旬に遂行

義光は「国中」論理によって国内政情の収束をはかるとともに、**十六年**の上使下向をうけて対外的に「探題」論理を主張することで秩序の自律的復旧を試みた。しかしそれが不調に終わった結果、同年末を始期として政権の積極介入が開始される。そしてその介入は、①上洛要請②上使派遣③理非聴取④代官上洛⑤上洛遅延の容認という大まかな流れのもとで捉えられる。一方、対抗者大宝寺氏は、①の初見は不明ながら②③はほぼ同時期、しかしそれ以降の対応に差異がある。

この時期に南陸奥進出を志向し、のちに会津蘆名領を制圧する伊達政宗は、**十四年**五月に発給された「天下静謐」停戦命令[38]の対象となりながら、**十五年**中に積極的な介入は受けていない。以後、**十六年**…(春～秋)「奥両国惣無事」通達、(秋)上

洛要請の初見[39]／**十七年**…（春）上洛遅延の容認と代官上洛要請[40]、（夏）会津制圧、（秋～冬）停戦命令・理非聴取の意向[41]、当座の措置として代官上洛要請[42]、そして翌**十八年**夏の小田原参陣へと続く。

政宗同様、蘆名氏（十五年三月から当主義広）も停戦命令の対象となりながら、上使金山宗洗による「惣無事」通達以前に上洛要請を受けた形跡はない。また**十六年**冬に重臣金上盛満の上洛によって「御礼言上」を経たのちも、義広に対する政権の認識は「御存之仁[43]」にとどまり、有事の際に絶対的な保障を享受できるわけではなかった。

ここに、会津領相論の両当事者に対する政権の要請が十六年秋段階で当主上洛を軸にしたものへと変化すること、「代官上洛」によって「御礼言上」を済ませることで「御存知之仁」、ついで「当主上洛」を経て「得上意」ることではじめて安堵対象として認定されるという基準[44]も共通することが明らかである。

そして、南陸奥に比べて約半年ほど先行しながらも、地域在来の秩序維持・回復機能に委ねられていた「庄内之儀」施策が、十六年を境に、停戦命令・理非聴取・当主上洛という対九州停戦令に準じた、より直接的な段階へと移行する点は会津領相論と共通する。「庄内之儀」単体で捉えれば、十五里原合戦という大規模抗争にその画期は求められようが、他にも北条・真田間における上野沼田領をめぐる相論の進展を想定できよう。

十四年…（夏）「天下静謐」停戦命令／**十六年**…（春）「関東惣無事」、（夏～冬）八月北条氏規上洛「御礼言上」および「氏政（北条）可致出仕」という「御請一札[45]」、上使派遣・国分の方針[46]／**十七年**…七月上使派遣・国分、十一月名胡桃城奪取

代官上洛による「御礼言上」から当主上洛要請への移行は、先述した最上・伊達・蘆名の三例とも共通する。ここに「沼田問題」のみを殊更に特別視し、織田信長横死後の天正壬午の乱と徳川家康との和議、真田昌幸との相克という北条氏をめぐる前史と関連付けて過大評価する必要はなかろう。

さらに、十六年八月の北条氏規の上洛が南奥羽諸氏に対する上洛要請への動きを加速させた可能性も含め、「庄内之儀」には沼田領の国分、会津領をめぐる伊達・蘆名氏の相論との同期性・相似性を強くみるべきと考える。

第二節　庄内帰属に対する評価

最後に「庄内之儀」、庄内帰属をめぐる相論について、本稿での検証と先行研究での評価とを対比しておきたい。

藤木氏は相論の概要をたどったうえで、「この指令（＝惣無事令）によって奥羽戦国の自決権は原理的に否定され、問題の解決は現地・当事者をはなれ、有利な裁定を期待する領主たちはいやおうなしに都の政権内部の権力抗争にまきこまれ系列化されていく」ことに意義をみる[47]。この見解にもみえるように、氏の「惣無事令」論は各階層からの平和願望に職権的に応える政権像を提示しながらも、その裁定が必ずしも公平性を担保しないことは織り込み済みであった[48]。

藤木氏の論説以前にも、例えば大島正隆氏が「豊臣氏政局内部に於ける徳川・上杉両家の地位がすべてを決定した」(49)と述べたうえで、政権・大宝寺（本庄）間を取り結ぶ石田三成・増田長盛の働きを高く評価するように、「取次」の影響力を強くみる視角が優勢であった。

それに対して粟野氏は、大宝寺氏、実質は上杉氏による庄内領有が認められた理由について、「上杉方が大宝寺義勝という家臣を上洛させたのに対し、最上方が寒河江光俊という家臣を上洛させた」(50)ためと説明し、裁定の行方をただちに外交ルートの優劣へと結びつける論調を批判している。

「惣無事令」論からの脱却を試みた竹井氏は、「豊臣政権は当初は最上氏を優遇し、金山宗洗を派遣して本庄氏らの庄内進出を食い止めようとしていた。しかし、結局は豊臣政権の命令を無視して実力で庄内地方を奪取した本庄氏・大宝寺氏（上杉氏）が一方的に優遇された」(51)として、上杉―石田・増田ラインの意向が政権の政策を大きく規定、つまり裁定とはいいがたい形で解決したと評価する。

相論の結末という観点にかぎれば、筆者は粟野氏の見解を支持する。蘆名氏の事例でも明文化されているように、代官上洛は一時的な代案にすぎず、最終的な安堵には当主上洛が必須であった点を重視すべきであろう。例えば蘆名義広は大宝寺氏と同様、石田・増田ラインに連なっていたにもかかわらず、当主上洛という基準を満たさなかったばかりに会津領の返還を受けることができなかった。すなわちこれが、対北条氏のみならず、十七・十八年期の東国に適用された政権の裁定方針である。

なお竹井氏は、十八年秋に始まる奥羽仕置のもとで本庄繁長・大宝寺義勝が改易、庄内が上杉直轄とされたことから、「当事者である両名と庄内との関係を断ち切ることによって、それまで紛争の核となっていた存在を意図的に取り除こうとした高度な政治的判断、言い換えれば庄内地方に「平和」秩序を形成しようという豊臣政権の政策的意図」をくみ取る。(52)

竹井氏の説く経緯には首肯できる部分も多いが、上杉直轄領化という最終結果までを包括し、十五年以前からつづく「庄内之儀」とその政治交渉、紛争・裁定の性格を断定するのは早計である。もし奥羽仕置をも視野に入れて政策の意図を質すのであれば、南陸奥、例えば石川昭光・白河義親・田村宗顕の改易もあわせて横断的に検討されるべきである。(53)

おわりに

本稿では、内容の精査を通じて徳川家康書状写五通の年次を再比定するとともに、先行して発給された「惣無事」関係文書の伝達にかかわる流れを整理し直した。その結果、「庄内之儀」の展開と政権の対応に、時期を同じくする沼田領・会津領相論との共通性を見出した。

そのうえで、「惣無事令」概念にもとづく藤木氏の学説はかつての万能性こそ失われているものの、その過程で見出された①停戦命令②理非聴取と裁定③境目画定④違反者への制裁という模式が依然として有効であり、そこに政権の基本方針を読み取ることは可能である点をあらためて確認した。

ただし本稿では、「上洛」という行為自体の持つ意味を考察するには至らなかった。例えば、上洛「しなかった」のか「できなかった」のか、この違いを見極めるだけでも、奥羽地域の領主層が裁定者たる政権に寄せる期待度、中央・地方間に横たわる、訴訟や法観念をめぐる理解の懸隔を推し測ることができよう。むろん、家中の動揺、近隣との軍事的緊張といった内外的要因が作用したことは否めないが、こうした当時の政治情勢云々へと安易に帰結させるには惜しい論題である。

今後、「庄内之儀」をはじめとする南出羽における政治秩序と政権の介入を分析することで、南陸奥など近隣地域との相互比較が可能となり、天正期東国社会の政治秩序や政権の施策方針・枠組みについてもより巨視的な理解が見込めよう。

注

（1） 藤木久志「関東奥両国惣無事令の成立」（初出一九七九年、のち『豊臣平和令と戦国社会』第一章第三節、東京大学出版会、一九八五年）、粟野俊之「出羽庄内地方と豊臣政権」（初出一九八五年、のち『織豊政権と東国大名』第二章第三節、吉川弘文館、二〇〇一年、以下粟野a）、竹井英文「出羽国「庄内問題」再考」（初出二〇一〇年、のち『織豊政権と東国社会』第七章、吉川弘文館、二〇一二年）。

（2） 藤木前掲書五三頁。

（3） 粟野a一三一・一三二頁。また氏には、「戦国期における大宝寺氏権力の性格─上杉氏・土佐林氏との関係を中心として─」（『山形史学研究』一九号、一九八三年）もある。

（4） 竹井前掲書二七〇頁。氏の用いる「庄内問題」は、天正十年の紛争勃発から同十九年の上杉直轄領化にいたる相論全体をみすえた語である。一方、考察対象を同十四～十七年に限定した本稿は、「庄内之儀」もしくは庄内紛争を用いることで差別化を図る。

（5） 戸谷穂高「関東・奥両国「惣無事」と白河義親」（村井章介編『中世東国武家文書の研究』高志書院、二〇〇八年、以下拙稿a）。

（6） 戸谷穂高「豊臣政権と西国・東国」（高橋典幸編『戦争と平和』、竹林舎、二〇一五年、以下拙稿b）。

（7） 東京大学史料編纂所架蔵写本「書上古文書」七で適宜校訂。

（8） 十六年説は中村孝也『徳川家康文書の研究』、藤木前掲書五〇頁（言及は1・3のみ）、竹井前掲書二五九～二六二頁のほか、小林清治「戦国期奥羽と織田・豊臣権力」（『奥羽仕置と豊臣政権』第一章、吉川弘文館、二〇〇三年）四七頁など。特に中村・竹井両氏は全五通をあわせて同年に比定する。

かたや十七年説は大島正隆「奥羽に於ける近世大名領成立の一過程」（『東北中世史の旅立ち』第四章、そしえて、一九八七年）が3～5を文脈上に配置（一〇九頁）、粟野a一三〇頁・『村上市史』資料編一古代中世編（一九九三年）・鴨川達夫「「惣無事」令関係史料についての一考察」（『遙かなる中世』一四、一九九五年）八五・八六頁は全五通を同年に比定した。ただし粟野氏は『最上義光』（日本史史料研究会、二〇一七年、以下粟野b）で十六年説に転じている（一七三頁）。一方、『荘内史料集』古代中世史料上巻（二〇〇二年）は3～5を十七年とするも、1を十六・十七両年に重複採録、2は採録外とするなど試行錯誤の跡がみえる。

（9） 藤井讓治編『織豊期主要人物居所集成』第二版（思文閣出版、二〇一六年）の成果に多分に拠った。秀吉の項は藤井氏、家康の項は相田文三氏の執筆になる。同様の試みは小林前掲書七九頁ですでになされているが、明確な結論には達していない。また鴨川前掲論文は十七年説を採りながらも、「家康との動静と若干食い違う部分が出てきてしまう」として、さらなる検討の必要性を見出していた。

（10）「上甲文書」（『豊臣秀吉文書集』三、二四四七）。

（11）同書の史料的価値を鑑みて、これは傍証にとどめたい。

（12）小林前掲書七九・八〇頁。

（13）大日本古文書家わけ『伊達家文書』、以下『伊達』四〇七。同書状は「去年不慮ニ御当・当方不和ニ候つるニ、后室依御媒介令和親候」と、十六年時における伊達・最上間の不和と和睦を記す。

（14）これも史料的信頼性は一段劣る。

（15）「潟保文書」一（『山形県史』古代中世史料編一、以下『山形』）を東京大学史料編纂所架蔵影写本で校訂。筆者も拙稿bで本文書を引用、論旨のなかに位置づけていたが、遠藤ゆり子「公権の形成と国郡・探題職」（『戦国時代の南奥羽社会』第二章、吉川弘文館、二〇一六年）が示した翻刻・解釈（二三五・二三六頁）に学び、本稿では自説を一部修正している。

（16）遠藤前掲書二二六頁。

（17）遠藤前掲書二三七頁。

（18）藤木前掲書五二頁。

（19）戸谷穂高「金山宗洗の「惣無事」伝達とその経路」（『戦国史研究』六〇、二〇一〇年）、以下拙稿c。

（20）「雑纂諸家文書」三（『山形』）。

（21）『治家記録』附録三（『仙台市史』伊達政宗文書一、九〇三、〈〉内は割書）。なお本書状の文面「前日両人被越候間、得其意」と関係して、『伊達家日記』（東京大学史料編纂所架蔵写真帳）十五年二月十日条に「従庄内、東仙斎御使節両人御出仕」との記述がある。

（22）（十五年）六月晦日付伊達政宗書状（「本庄家文書」『仙台市史』伊達政宗文書一、一一九）。

（23）（十五年）十月二十二日付最上義光書状（「藤田文書」『荘内史料集』古代中世史料上巻、三二八）。

（24）例えば、竹井前掲書第二章七八～八〇頁。

（25）「相馬文書」一四〇（『福島県史』資料編二古代中世史料）。

（26）「渡辺慶一氏所蔵文書」（『新潟県史』資料編四中世二、二二〇八）。

（27）拙稿c。

（28）「大阪城天守閣所蔵文書」（『上越市史』上杉氏文書集二、三二一四）。粟野氏は当初十六年に比定（粟野a一二五・一二六頁）するも、のちに十五年へ見解を改めている（粟野b一七〇頁）。

しかし前掲（21）でもふれたように、宗洗は十五年二月初頭時点ですでに庄内に到達している。よって二月二十日付で越後通過を報じるこの兼続書状は同年たりえず、翌十六年に比定するのが正しい。なお、粟野bに拙稿cを参照した形跡はみられない。

（29）竹井前掲書一〇三頁。

（30）竹井氏は、B③（十六年）四月六日付白河義親宛富田一白書状（「東京大学白河文書」『白河市史』資料編二古代中世、九九〇）で口上を託された「彼」＝宗洗とみなし、宗洗が途中白河にも立ち寄った可能性も指摘する（一〇三頁）。それによれば、十四年末（B①②・C群を携行）と十六年三月もしくは四月（B③を携行）という二度の下向を想定しているようである。

しかし（28）でふれたとおり、十六年二月二十日時点で宗洗はすでに越後へ差しかかっている。B③（四月六日付）を帯しての出京はもはや不可能である以上、これを白河氏に届けた「彼」と宗洗とは別人である。

筆者は十三年秋～冬と十四年末、そして十五年十二月二十日以降（B①②・C②③を携行）という三次にわたる下向を確認しているが、その第三次の帰途で宗洗は伊達領を経由、九月二十日付政宗書状（十六年）十二月十二日付一白書状（『伊達』三九五）中に「去九月廿日之御札」とある）および口上を託されて同月二十五日に出立（『伊達家日記』同日条）して帰京、少なく見積もって十ヶ月もの旅程を終えたあと、十二月に十二日付一白書状を携えて再度下向したと考える。

竹井氏は宗洗の長期滞在に否定的な見解を示し、また粟野氏も「少なくとも閏五月から九月までの」奥羽滞在は考えがたいと、九月の伊達領訪問はいったん帰京した後の再度の下向とみる（粟野b一七七頁、ただし十二月十二日付一白書状の存在を失念している）が、これを長期とみるかは所詮、現代的感覚にもとづく主観にすぎない。

(31) 竹井前掲書序章二一頁。

(32)（十六年）九月十日付伊達政宗書状（「本間美術館所蔵文書」一三、『山形』）・（十六年）八月六日付岩屋朝盛書状（秋田県公文書館架蔵「秋田藩家蔵文書」五〇城下諸士文書一一、桜田喜兵衛広治）。

(33)「古香堂文書纂」（『荘内史料集』三四四）。

(34) 菅原義勝「戦国期庄内における地域認識の形成」（地方史研究協議会編『出羽庄内の風土と歴史像』雄山閣、二〇一二年）。

(35)（十六年）九月九日付最上義光黒印状写（「別集奥羽文書纂所収文書」一四、『山形』）。拙稿bも参照のこと。

(36)「別集奥羽文書纂所収文書」七（『山形』）。それをうけた景勝が十二月二十八日付書状（「同」八）で上洛を促した結果、千勝丸は翌十七年七月四日に秀吉に拝謁、帰途についた（（十七年）八月二十六日付本庄繁長宛伊達政宗書状（「同」九））。

(37)（十三年）十月二日付羽柴秀吉書状（『島津』三四四）。

(38)（十四年）四月十九日付佐竹義重宛羽柴秀吉書状（『上杉』八三五）。佐竹氏を中人に伊達・蘆名間の和平を企図したものだが、正文自体が上杉家の所蔵にかかることから、伝達は未遂に終わった可能性が高い。

(39)（十六年）九月十三日付施薬院全宗書状（『伊達』三八七）。

(40)（十七年）正月二十八日付富田一白書状（『伊達』四〇五）。

(41)（十七年）十一月二十日付浅野長吉書状（『伊達』四四九）。ここで長吉は「義広事被得　上意之段、不可有其隠」として、政宗にとっても「被得　上意候事、不入事候歟」と問い、蘆名義広と同等の立場で裁定に臨むためにも上意を得ることが不可欠との見解を示す。

(42)（十七年）十一月二十日付上郡山仲為・和久宗是連署覚（『伊達』四五〇）。

(43)（十七年）七月二十二日付施薬院全宗書状（『伊達』四二七）が「蘆名方事、連々御礼申上、御存之仁ニ候」と記す。

(44)（十七年）三月二十四日付富田氏実宛石田三成書状写（『新編会津風土記』二七、『福島県史』資料編二古代中世資料）に「早々義広御上洛肝要候、自然於御由断ハ御為不可然候」とあり、同日付徳芳・清源連署書状（『同』二八）は「自然義広様御上洛於難成者、富田殿御父子ニ御一人御上洛」と、代官として重臣富田氏の上洛を促す。

その点、(41)にみえる長吉の蘆名義広評は過剰のように思われるが、これは政宗自身の上洛を引き出すための方便とみるべきか。

(45) 天正十七年十一月二十四日付羽柴秀吉朱印状案（『伊達』四五二）。

(46)（十六年）九月二日付羽柴秀吉朱印状（秋田県公文書館架蔵「秋田藩家蔵文書」三、佐竹左衛門義命）。

(47) 藤木前掲書五三頁。

(48) よって、「惣無事」令に一貫性がないことを指摘しても、「同」令論への批判とはなりえない（拙稿a三三二頁）。

(49) 大島前掲書一一〇頁。

(50) 粟野a一三一頁。

(51) 竹井前掲書二六八頁。

(52) 竹井前掲書二六九頁。

(53) 粟野a第四章第一節「豊臣政権の所領安堵政策」や小林前掲書のほか、同『奥羽仕置の構造』（吉川弘文館、二〇〇三年）など。

備後金沢氏の素性について

伊藤大貴

応仁・文明の乱勃発直前の応仁元年（一四六七）三月、丹波国で次のような騒動が起きた。

一覚朝自奈良来云、去三日自門跡(尋尊)日野へ被上人処、備後金沢ト云者上洛之処、於丹州引出喧嘩間、被打殺之由申間、自山名(持豊)可寄細川(勝元)之由、令支度之間、細川一族以下打寄間、京中物忩中〳〵言詞難及事也、而金沢内者共ハ少々雖生涯(害)、於即体者無為罷付之間、先無合戦之儀云々、併天魔所為歟、[1]

『経覚私要鈔』の記事によれば、山名方の「備後金沢」なる人物が上洛途中で殺害されたとの情報が伝わり、京都で山名・細川双方が武力衝突する寸前となったという。後に金沢本人が無事に上洛したことにより、結局合戦は起きなかったが、大乱発生直前の不穏な京都情勢がうかがえる騒動といえる。

状況次第で大乱が早まる可能性もあった騒動に巻き込まれた備後の金沢氏とはどのような人物であろうか。最近、小谷利明氏が明らかにするところによれば、畠山義就の正室は金沢氏の娘であったという。[2]応仁・文明の乱開戦に至る政治過程において、山名持豊と畠山義就の連携が重要な役割を果したことはよく知られているが、両者を結ぶ婚姻関係に金沢氏が関与していた点は注目されよう。しかし、従来山名氏研究の分野ではあまり注目されておらず、金沢氏の素性は不明な点が多い。

山名一族・被官の中で金沢姓の人物はほとんど確認できないが、宝徳～文明年間にかけて活動した金沢下野入道源意という者がいる。この人物は連歌の事績があることから国文学分野で言及があり、金子金治郎氏が山名一門で連歌師・宗砌に師事したことを指摘している。[3]金沢源意は一条兼良の序文と加点がある『異体千句』を著したほか、宝徳年間に一条兼良邸で行われた源氏国名百韻の詠者の一人であり、『新撰菟玖波集』に一首選ばれている。金子氏や片岡秀樹氏が指摘するように、山名一族・被官に広く見られた「宗砌流」の一員であった。[4]

金子氏が紹介した連歌史料の中には「山名蠏沢下野入道」や「山名一家」の「蠏沢源意」とあり、[5]山名一門出身と確定できる一方で山名氏系図の諸本には源意の名を見出せない。[6]このように、源意の系譜は判然としないものの、活動時期は一致するため、応仁元年三月の騒動に巻き込まれた金沢某と畠山義就正室の父・金沢某はいずれも金沢源意であろう。小谷氏は『後法興院記』の記事をもとに備前守護山名教之被官とされたが、この記事には「西剋許又相模(山名教之)被官者令殺害讃州(細川成之)内者」[7]とあるのみで必ずしも丹波国での騒動を指しているとはいえない。むしろ山名教之の被官が細川成之の被官を殺害したとも読み取れるため、丹波国の騒動とは別件と見る方がよい。小谷氏が示された別の史料にも「備後ノ金沢」とあるため、[8]金沢氏と備後の繋がりは揺るがない。備後国は惣領家分国である上、金沢氏は山名一族であることから、少なくとも金沢氏は備前守護山名教之の被官とはいえない。[9]

一方、長禄三年（一四五九）一二月、山名持豊が犬橋下野入道に備後国内にある長福寺領の段銭等免除を指示している。[10]それを受けて翌長禄四年正月、源意が下知を伝達している。[11]以上より、この人物は犬橋下野入道と名乗っていたとわかる。前述した備後国との関係や官途・入道号の一致を踏まえると、金沢源意と犬橋源意は同一人物の可能性が高い。[12]よって、源意は単なる山名一門ではなく、持豊の下で備後守護代として分国支配に従事していたと指摘できる。[13]

このように、備後金沢氏とは備後に拠点を持つ山名一門であり、同国守護代の地位にあった。さらに小谷氏の指摘をもとにすると、金沢源意は当時の中央政界の動向とも無縁ではない人物といえる。この他にも斯波義廉の母は、持豊伯父の山名摂津守の娘であった。[14]義就に嫁いだ金沢源意の娘も同様の存在であり、山名惣領が推進した畠山・斯波両氏との連携を庶流家が下支えした事例として改めて評価できるだろう。

注

（1）『経覚私要鈔』応仁元年三月六日条。

（2）小谷利明「畠山義就と女房衆」（『八尾市立歴史民俗資料館研究紀要』三一号、二〇二〇年）。

（3）金子金治郎『新撰菟玖波集の研究』（風間書房、一九六九年、一七九頁）。なお、当該期の史料の一部には「蠏沢」という表記も散見されるが、本稿の表記は「金沢」で統一する。

（4）「宗砌流」の山名被官たちについては、前掲注（3）金子著書一七七～一八九頁、片岡秀樹「但馬山名氏周辺の連歌」（『歴史と神戸』五六巻二号、二〇一七年）参照。

（5）前掲注（3）金子著書一七九頁。

（6）『蜷川親元日記』寛正六年九月六日条には「山名下野守」の名が見えるが、源意との関係は不明である。

（7）『後法興院記』応仁元年三月三日条。

（8）『大乗院寺社雑事記』文明一八年九月後付条。

（9）金沢源意は少なくとも文明三年（一四七一）九月（当時六四歳）まで生存が確認できる（前掲注［3］金子著書一七九頁）。応仁元年三月の騒動で死亡したわけではない。

（10）（長禄三年）一二月一七日「備後国守護山名宗全書下」（『長福寺文書の研究』文書編九一一号）。

（11）長禄四年正月一三日「源意書下」（長福寺九一二号）。

（12）金沢氏と犬橋氏の相互関係は不明である。犬橋氏は応永年間以降、備後国で活動した山名氏被官で同国守護代をつとめた。犬橋氏も同様に山名一門であり、犬橋氏の一流が金沢姓を名乗った可能性なども考えられるが、今後の課題としたい。

（13）『新撰菟玖波集作者部類』（『続々群書類従』第一五輯・歌文部、四七八頁）に「山名内金沢下野」とあるのも、惣領配下の守護代として内衆のように活動した経歴が反映されていたのではなかろうか。

（14）『文正記』（『群書類従』第二〇輯・合戦部、三五〇～三五一頁）。義廉母の素性は、山本隆志『山名宗全』（ミネルヴァ書房、二〇一五年、二五八～二六〇頁）参照。

長宗我部氏・平島公方関係再考

嶋　中　佳　輝

堺公方権力の崩壊後、「堺公方」足利義維が阿波国平島郷に逃れたことから、義維とその子孫は一般に平島公方と呼ばれる。『渭水見聞録』によると、平島公方は平島郷で三〇〇〇貫の知行を得ており、長宗我部氏の阿波進出の際にも平島公方の知行は保障されていたが、蜂須賀氏の阿波入国時に知行を没収され、一〇〇石のみを与えられるようになったという(1)。

『渭水見聞録』が記す平島公方は長宗我部氏から知行が保障されていたという内容は近年においても肯定的に見られている(2)。その根拠として、次に挙げる長宗我部元親の平島公方への発給文書の写しが注目されてきた。

【史料】「土佐国蠹簡集竹頭」(3)

此度阿州表出陣候、於御領知分ハ全有相違間敷候、此馬細矢と申駿足ニて御召料可然候、猶梅谷寺・池田甚兵衛可申也、

天正五年八月日　　元親

足利殿

此馬小銘と申随分引廻し乗心地能候、御召料可然候、猶円光寺・北村賢斎可申也、

天正十年九月二日　　元親

足利殿

右二通平島足利家蔵

【史料】によると、天正五年（一五七七）八月阿波に出陣した長宗我部元親は「足利殿」へ領知分を保証し、名馬を贈った。また、天正一〇年九月二日三好義堅と勝瑞を舞台に争っていた元親は「足利殿」に再び名馬を贈り懐柔に努めている。このように【史料】からは、長宗我部元親が平島公方の存在に一定の配慮を行っていたことが窺える。

しかし、【史料】を真正な文書と見るには書札礼の観点から疑問がある。書止文言が「也」となっており、宛所に脇付もない書札礼はかなり薄礼である。身分上将軍家に連なる平島公方に土佐国人を出自とする元親が直接書状を出せるのかという点にも疑問が残る。有力な大名家であっても、将軍格の人物に書信を送るには将軍の側近を宛所とする披露状を出すのが一般的であり、例外らしい例外は認められない。

また、同時期に元親は阿波国人に対し、書止文言「恐々謹言」・脇付「御宿所」などの等礼の書札礼を、「栗野殿」なる阿波の有力者には書止文言「恐惶謹言」・脇付「人々御中」という厚礼の書札礼を用いている(4)。長宗我部氏は阿波の勢力に対し書札礼上尊大にならないよう配慮していたと言えよう。そうした中で仮に【史料】の原文書が発給されていた場合、平島公方は書札礼上阿波国人以下の存在ということになり、内容とは逆

に平島公方を相当軽視していることになってしまう。よって、【史料】は偽文書と評価するのが妥当であろう。

ところで、【史料】の年次や取次者・文言は『平島記』（『続々群書類従』第四・史伝部所収）に一致する記述が存在する。『平島記』は奥書によると、寛永六年（一六二九）平島公方足利義種（義維の孫）が子の義次に書き与えたものである。【史料】は、『平島記』を素材に江戸時代前期以降に作成されたのであろう。

それでは、『平島記』の内容に蓋然性はあるのであろうか。足利義種は、天正二年の生まれであるので、長宗我部氏と平島公方にある時点で友好関係が存在し、そうした事実に基づく記憶が『平島記』の記述に反映されている可能性はある。ただし、『平島記』は天正以降の記事でも三好長治の横死や三好康長の阿波下国の年を誤っており、事実性については信頼できない。

また、偽文書である【史料】を除けば、長宗我部氏の阿波情勢に関する現存の発給・受給文書に平島公方の存在は認められない。長宗我部氏の阿波進出は天正五年までは足利義昭の帰洛への与同として、天正六年以降は織田信長の同盟者として展開されており[5]、そのような政治的状況で長宗我部氏が、義昭や信長とは潜在的に併存し得ないであろう平島公方に配慮するのかどうか不審が残る。

一方、三好氏旧臣の手による『昔阿波物語』第四には「天正七年に、南方分土州へ切取り候て、公方様の御知行相違仕り候」と見え[6]、長宗我部氏の侵略により平島公方の知行は打撃を受けたと見なされている。長宗我部氏が平島公方の存在に配慮していた実証がない以上、『昔阿波物語』の記述の方がそうした状況に整合的である。そうであれば、平島公方に一〇〇石を与えるのみであったという蜂須賀氏の処置も、意図的な冷遇と言うよりも単なる現状追認であった可能性もあろう。

今後は平島公方に薄礼な【史料】がいつどのように偽造・受容されたのかという点も含めて、近世社会における平島公方の伝承の形成や位置づけを考察していくことが求められよう。

注

（1）『平島公方史料集』四七頁。

（2）例えば、近年の『室町幕府将軍列伝』（戎光祥出版、二〇一七年）や『室町幕府全将軍・管領列伝』（星海社、二〇一八年）においても「足利義栄」は立項されているが、義栄死後の平島公方の叙述中に長宗我部氏から保護を受けたという記述がなされている。

（3）『高知県史　古代中世史料編』八九四～八九五頁。

（4）阿波国人への等礼の文書は『戦国遺文　三好氏編』一九〇五号（「仏光寺文書」）・一九四一号（「土佐国蠹簡集所収文書」）など。「粟野殿」への厚礼の書状（「西野嘉右衛門氏所蔵文書」）は中平景介「阿波大西氏に関する長宗我部元親書状について」（『四国中世史研究』一二号、二〇一三年）に詳しい。

（5）川島佳弘「天正五年元吉合戦と香川氏の動向」（橋詰茂編『戦国・近世初期　西と東の地域社会』岩田書院、二〇一九年）。

（6）山本大校注『戦国史料叢書　四国史料集』人物往来社、一九六六年、三四六頁。

戦国史関係論文目録

令和3年1月～6月

本目録は令和三年（二〇二一）一月から六月までに発表された戦国史に関する論文及び研究ノート、著書などを整理したものである。配列については、地域別、執筆者名五十音順とし、論文が複数ある場合は発表順とし、発表月を()で示した。なお『戦国史研究』八一号(2)収録論文は省略した。

東　北

阿部　哲人「天正年間、出羽庄内をめぐる南奥羽と越後」『羽陽文化』165 (3)

伊藤　清郎「講演要旨　中世の山形―近年の研究からの展望―」『歴史（東北史学会）』136 (4)

岡田　清一「相馬氏の受給文書と「相馬西殿」―戦国期・家督相続に関する基礎作業―」『東北福祉大学研究紀要』45 (3)

垣内　和孝「破却された境目の城―陸奥国南郷東館の再検討―」『中央史学』44 (3)

木本　和志「伊達稙宗と室町幕府」『駒澤大学大学院史学論集』51 (4)

熊谷　隆次「豊臣政権期における南部信直の蔵入地支配について」『地方史研究』409 (2)

近藤　祐介「中世後期の〈頭山伏〉と山伏結合―八槻別当を題材に―」『文化財学雑誌』17 (3)

佐々木　徹「仙台市国分尼寺観音菩薩立像の墨書銘について」『仙台市博物館調査研究報告』41 (3)

高橋　明「伊達氏天文の乱の展開」『郡山地方史研究』51 (3)

竹井　英文「東北地方における中世城館関係史料集成―宮城県編―」『東北学院大学論集』63 (3)

保角　里志「最上義光の国衆平定合戦―白鳥氏、天童氏、小国氏そして鮭延氏―」『羽陽文化』165 (3)

渡辺　英夫「佐竹氏入部前後の由利領北部地域」『秋大史学』67 (6)

関　東

荒川　善夫「戦国・豊臣期の下野祖母井氏」『栃木県立文書館研究紀要』25 (3)

飯森　康広「小田原合戦における北国勢の松井田城攻めと進軍」『群馬文化』342 (4)

石田　将大「戦国大名後北条氏における検地実施過程についての再検討―伊豆国長浜検地書出と長浜野帳をもとに―」『都市文化研究』23 (3)

市橋　一郎「『寒松日暦』から見た近世初頭の足利学校の教育について」『学校　史跡足利学校研究紀要』19 (3)

同　「中世後半に於ける足利学校の教育」『学校　史跡足利学校研究紀要』19 (3)

梅田由子・三井猛「近藤利勝像の光学的調査」『常総中世史研究』9 (3)

大窪　範光「血縁関係からみた佐竹氏の在地支配」『郷土ひたち』71 (3)

長田　郁子「「吉良頼康公直筆写抜書」について」『世田谷―区史研究―』1 (3)

久保田順一「戦国領の構造と景観―碓氷川谷を例に―」『群馬歴史民俗』42 (3)

同　「憲政政権の成立と崩壊」『群馬文化』342 (4)

小島　道裕「印判状に見られる日付上押印について」『国立歴史民俗博物館研究報告』224 (3)

齋藤　慎一「江戸の改変―文禄・慶長前半期の様相―」『東京都江戸東京博物館紀要』11 (3)

佐々木健策「中世の採石遺跡からみる石材利用―関東地方を例に―」『小田原市郷土文化館研究報告』57 (3)

同　「複数の主郭を持つ城―小田原北条氏の領国支配と城郭構造―」『小田原市郷土文化館研究報告』57 (3)

多田　文夫「戦国武士の言い伝え―斉田頼康の墓―」『足立史談』637 (3)

西村　陽子「郷例・格式と文書による保証―下野における事例から―」『栃木県立文書館研究紀要』25 (3)

深澤　靖幸「武蔵御嶽山の中世瓦」『府中市郷土の森博物館紀要』34 (3)

本間　岳人「豪徳寺吉良氏所縁の中世宝篋印塔」『世田谷―区史研究―』1 (3)

茂木　哲夫「小曲輪・新城の命名は北条氏政か―１５７０年から１５９０年までの２０年間の河村城―」『足柄乃文化』48 (3)

森木　悠介「常陸府中合戦の実態と大掾氏」『常総中世史研究』9 (3)

山下真理子「豪徳寺から発見された新出の世田谷吉良氏発給文書」『世田谷―区史研究―』1 (3)

中部

安部川智浩・三浦尊誉「中世伊勢国三浦大多和氏の系譜についての考察」『三浦一族研究』25 (7)

五十嵐正也「水野十郎左衛門尉について」『刈谷市歴史博物館研究紀要』1 (3)

岩永　紘和「法泉寺に残る四通の中世後期・近世初期古文書写」『日本歴史』876 (5)

同　「別伝騒動をめぐる一考察―斎藤義龍の戦略と臨済宗妙心寺派の諸動向から―」『ヒストリア』286 (6)

大木　丈夫「徳秀斎とは誰か―十二月十日付徳秀斎宛武田信玄書状の検討―」『武田氏研究』64 (6)

大河内勇介「本能寺の変直後の柴田勝家と丹羽長秀」『福井県立歴史博物館紀要』14 (3)

大西　泰正「初期金沢城の諸問題―尾山・加賀征伐・高山右近の言説をめぐって―」『金沢城研究 研究紀要』19 (3)

数野　雅彦「於曾御蔵入勘定目録（四点）―慶長期の甲州金七種類を記載した史料―」『武田氏研究』63 (3)

片桐　昭彦「中世の災害記録としての『三国一覧合運図』写本―東山文庫本・龍谷大学本、および『大唐日本王代年代記』の史料学的検討―」『災害・復興と史料』13 (3)

河口　洋光「甲斐守護武田信縄の人物像について」『甲斐』154 (5)

川名　俊「能登畠山氏の権力編成と遊佐氏」『市大日本史』24 (5)

河村　昭一「『国吉籠城記』における朝倉軍の侵攻年次について」『若越郷土研究』65―2 (2)

木越　隆三「城下に移った近世金沢坊と大名前田家の公認」『金沢城研究 研究紀要』19 (3)

功刀　俊宏「戦国大名朝倉氏の二つの拠点―一乗谷と府中―」『東洋大学人間科学総合研究所紀要』23　(3)

小池絵千花「関ヶ原合戦の布陣地に関する考察」『地方史研究』411　(6)

小林輝久彦「西尾藩領長縄村観音院の清康公墳墓発掘について」『新編西尾市史研究』7　(3)

笹本　正治「県立歴史館の武田家印判状を読む―長沼城と龍雲寺―」『長野県立歴史館研究紀要』27　(3)

柴辻　俊六「武田氏の金山開発と甲州金の創始」『十六世紀史論叢』14　(3)

同「戦国期武田氏領の水利と開発」『甲斐』154　(5)

同「武田氏領の伝馬制度と商品流通機能」『武田氏研究』64　(6)

白峰　旬「慶長5年8月２２日の米野の戦い、同月２３日の瑞龍寺山砦攻めについての一柳家の首帳に関する考察」『別府大学大学院紀要』23　(3)

末木　健「甲斐国と富士山―武田勝頼「過半吾甲陽之山也」―」『甲斐』153　(1)

砂川　博「越前長崎称念寺・時衆・明智光秀」『時宗教学年報』49　(3)

高木　久史「おかねで見る戦国時代の福井県」『福井県文書館紀要』18　(3)

武田　健作「「桶狭間の合戦」における今川義元の戦略」『信濃』857　(6)

田澤　大樹「甲尾同盟の成立・崩壊と岩村遠山氏―元亀三年の武田軍遠江・三河・美濃侵攻作戦を中心に―」『中京大学文学会論叢』7　(3)

橘　敏夫「中近世移行期の東海道―三河国御油・赤坂に着目して―」『愛知大学綜合郷土研究所紀要』66　(3)

内藤　和久「守護武田氏と戦国期初頭の甲斐の山城及び禅宗寺院」『甲斐』154　(5)

同「武田信虎の福泉寺城略取と歴史的背景」『武田氏研究』64　(6)

並木　昌史「徳川家康と尾張徳川家の茶の湯」『淡交』934　(6)

西川　広平「十五・十六世紀の列島内陸部における地震災害について―甲斐国を対象に―」『中央大学文学部紀要』286　(3)

畠山　亮「戦国大名武田氏における暴力の規制について(8)」『龍谷法学』53―4　(3)

服部　英雄「桶狭間合戦考」『名古屋城調査研究センター研究紀要』2　(3)

久永哲也・内田篤貴・小川典芳・佐々木哲朗・椋代大暉・浦谷裕明・武村雅之・都築充雄「１４９８年明応東海地震における伊豆半島西岸の戸田および仁科の津波痕跡」『歴史地震』36　(3)

平山　優「文献史料にみる要害城と駒井氏について」『甲斐』154　(5)

町田ゆかり「敵は上から攻めてくる―信濃の城と道、武田軍の城攻め―」『市誌研究ながの』28　(3)

松島　裕大「天正初期上杉・武田氏間和睦交渉再考」『日本史研究』704　(4)

丸島　和洋「河内領支配に関する浅野家臣連署状」『武田氏研究』64　(6)

村石　正行「佐久郡岩村田「大井法華堂文書」について」『長野県立歴史館研究紀要』27　(3)

同「小笠原貞慶の信濃復帰と下条牛千代」『武田氏研究』64　(6)

山下　智也「戦国期の大工と地域社会―水野信元黒印状を起点として―」『刈谷市歴史博物館研究紀要』1 (3)
山本　直孝「神君伊賀越え後の伊勢湾渡海の実態について―由緒書の検討を通して―」『地方史研究』411 (6)

近　畿

青木　貴史「中世後期における東寺財政の構造変化―東寺浮足方を事例として―」『年報中世史研究』46 (5)
麻生　将「京都のキリシタン―戦国から江戸―」『立命館文学』673 (3)
熱田　順「中近世移行期における地域秩序の変容と村落―丹波国山国地域を題材に―」『新しい歴史学のために』298 (6)
石崎　建治「応仁・文明の乱中の山科言国坂本滞在の諸要因とその背景―戦乱時における比叡山延暦寺・近江坂本の社会的機能―」『金沢学院大学紀要』19 (3)
井手麻衣子「永正年間の補任歴名について」『九州文化史研究所紀要』64 (3)
伊藤　秀憲「文禄期における大安宅船建造と火器装甲」『銃砲史研究』392 (3)
上田　純一「「食」からみる本能寺の変」『茶道雑誌』85―5 (5)
遠藤　珠紀「伝『大外記中原師生母記』（播磨局記）文禄四年別記」『古文書研究』91 (6)
遠藤珠紀・宮崎肇・金子拓「『宣教卿記』天正四年正月～三月記」『早稲田大学図書館紀要』68 (3)
大澤　研一「細川ガラシャ関係史料にみる豊臣期大坂城下町」『大阪歴史博物館研究紀要』19 (3)
太田　浩司「浅井氏家臣下坂氏の中世から近世―国指定史跡「下坂氏館跡」の歴史的背景―」『十六世紀史論叢』14 (3)
大坪　舞「戦国期における鷹狩―足利将軍家・細川京兆家・公家を中心として―」『鷹・鷹場・環境研究』5 (3)
堅田　理「真宗における得度儀礼について―証如期以降東西分派以前―」『真宗研究』65 (1)
同「真宗における得度について」『大谷大學史學論究』26 (3)
金子拓・遠藤珠紀「『兼見卿記』紙背文書（七）―慶長十四年記紙背―」『ビブリア』155 (5)
河内　将芳「（弘治三年十一月二十一日）正親町天皇女房奉書写」『奈良史学』38 (2)
同「秀吉生母大政所の「御煩」と伏見稲荷社」『朱』64 (3)
川本　重雄「聚楽第の対面空間―「聚楽第大広間の図」の真贋―」『建築史学』76 (3)
岸本眞実・澤井廣次「『兼右卿記』（六）天文四年正月至四月、同六年八月、同七年正月至七月、同十年八月・九月」『ビブリア』155 (5)
木下　昌規「将軍足利義晴上臈一対局と京都」『古文書研究』91 (6)
工藤　克洋「秀吉と日吉社・延暦寺復興勧進」『歴史の広場―大谷大学日本史の会会誌―』23 (7)
小谷　利明「畠山氏と地方顕密寺院」『八尾市立歴史民俗資料館研究紀要』32 (6)
柴田　修平「足利義昭期の武家訴訟における禁裏の役割と叡慮の実効性―戦国末期公武関係の一側面―」『駿台史学』171 (2)
嶋中　佳輝「和泉上守護細川元常被官丹常直について」『泉佐

野の歴史と今を知る会会報』397 (1)
砂川　博「荒木村重の尼崎城「移」動―検証『信長公記』「荒木村重書状」『立入左京亮入道隆佐記』―」『(尼崎市立地域研究史料館 紀要) 地域史研究』120 (2)
高木　純一「戦国期畿内における村と武家権力をめぐって―近年の細川氏・三好氏研究を手がかりに―」『新しい歴史学のために』298 (6)
辰田　芳雄「『言継卿記』に見える朝廷儀式その一―天文十三年元日節会―」『就実大学史学論集』35 (3)
同　「永正六年九月九日起日後柏原天皇主催の着到和歌(上)」『岡山朝日研究紀要』42 (3)
同　「賀茂別雷神社の氏人の官名と実名―「永正七年・天文六年御籍写(國學院大學図書館収蔵座田家旧蔵書五七一)の考察」『賀茂別雷神社の所領と氏人』(東京大学史料編纂所共同利用・共同拠点特定共同研究「賀茂別雷神社の調査・研究」編) (3)
田中　隆次「文明十五年卯月三日馬太夫等連署証文―播磨国美嚢郡の中世村落における一水利慣行―」『歴史と神戸』346 (6)
則竹　雄一「文禄三年摂津・河内・和泉国太閤検地帳の基礎的研究」『獨協中学校・高等学校研究紀要』35 (3)
萩原　大輔「『乙夜之書物』に記された本能寺の変―宥照寺の光秀塚と明智左馬助―」『富山史壇』194 (3)
馬部　隆弘「江口合戦への道程―三好長慶と細川晴元の思惑―」『大阪大谷大学歴史文化研究』21 (3)
同　「天文十七年の細川邸御成と江口合戦」『年報中世史研究』46 (5)
濱本　裕史「『蜷川親俊日記』紙背文書に見る中世後期の石灰座訴訟」『法政史論』48 (2)
廣田　浩治「戦国期根来寺の河内国進出」『十六世紀史論叢』14 (3)
藤井　寿一「豊臣秀吉の朝鮮侵略戦争動員における「紀伊国衆」の内実」『熊野』160 (5)
松尾　隆宏「「永禄の規約」成立過程の検討」『駒澤大学大学院史学論集』51 (4)
三原　大史「「明応二年御陣図」からみた中世後期の河内国」『都市文化研究』23 (3)
村井　祐樹「三好にまつわる諸々事―『戦国遺文三好氏編』より―」『東京大学史料編纂所研究紀要』31 (3)
森田　大介「「両局兼帯」の成立と中世後期の外記・弁官局」『ヒストリア』286 (6)
湯川　敏治「古典と公家文化―戦国期の公家日記に見る―」『古文書研究』91 (6)
吉川　聡「興福寺二条家記録「文亀三年引付」の紹介」『奈文研論叢』2 (3)

中　国

内池　英樹「宇喜多氏と覇権を争った備中三村氏について」『宇喜多家史談会会報』77 (1)
太田　浩司「広島藩士「河原家文書」について―秀吉家臣から近世藩士への変容―」『芸備地方史研究』317 (2)
大西　泰正「天正十五年以前の宇喜多秀家」『宇喜多家史談会会報』77 (1)
大村　拓生「室町期西播磨の交通と政治拠点」『ひょうご歴史研究室紀要』6 (3)
岡　宏三「松江市大庭、速玉社の早玉神事について―十六

〜十七世紀の出雲における社家の組織化をめぐって―」『(島根県古代文化センター) 古代文化研究』29（3）

小川　國治「毛利輝元の正室南方（いま）と山口」『山口県地方史研究』125（6）

岸田　裕之「備中国と毛利氏」『内海文化研究紀要（広島大学）』49（3）

桑田　和明「温科氏と大内氏・毛利氏・宗像氏との関係について」『沖ノ島研究』7（3）

田口　義之「備後国衆列伝(6)世羅郡の栗原氏」『備陽史探訪』218（3）

辰田　芳雄「賀茂別雷神社社司家・馬場義一家文書のうち岡山県関連中世文書の紹介―備前国山田庄関係文書・尼子氏の備前侵攻―」『岡山朝日研究紀要』42（3）

谷口　正樹「出雲三刀屋家文書Ⅰ」『大阪歴史博物館研究紀要』19（3）

前田　徹「資料紹介　天正八年八月十二日付け但馬国出石郡赤花村検地帳写」『塵界（兵庫県立博物館紀要）』32（3）

水野　椋太「毛利氏執権制の再検討」『史学研究』307（1）

山﨑真克・麻生由紀・土居裕美子・迫垣内裕・頼祺一「天正十年羽柴秀吉書状にみられる安国寺恵瓊―安国寺恵瓊関係資料データベース資料稿（二）―」『比治山大学紀要』27（3）

和田　秀作「毛利家文庫「諸臣」所収の百姓等所持御判物写について」『山口県文書館研究紀要』48（3）

渡邊　大門「第一次上月城の戦いと西播磨・美作の情勢」『十六世紀史論叢』14（3）

四　国

朝倉　慶景「長宗我部政権下の奏者久武内蔵助親直について」『土佐史談』276（3）

大上　幹広「難波舟軍図を読み解く―描かれた第一次木津川口合戦と軍記物語―」『伊予史談』401（4）

桑名　洋一「信長政権期の伊予―岡本城合戦に関する一考察―」『伊予史談』401（4）

東近　伸「一條教房の幡多荘下向と在地勢力」『西南四国歴史文化論叢よど』22（5）

松本　敏幸「『清良記』に見る岡本合戦(2)三間土居旧本・巻二十三の翻刻と解説」『西南四国歴史文化論叢よど』22（5）

山内　譲「中世の二神氏とその史料」『ソーシアル・リサーチ』46（3）

山﨑　明「土佐野中氏の二つの謎（下）―土佐に来住した時期と重用された理由―」『土佐史談』276（3）

山下　知之「中世後期阿波南方における水運の発展と海部湊」『阿波学会紀要』63（3）

九　州

荒木　和憲「古琉球期王権論―支配理念と「周縁」諸島―」『国立歴史民俗博物館研究報告』226（3）

大澤　伸啓「琉球国から来た学徒・鶴翁智仙」『学校　史跡足利学校研究紀要』19（3）

小川　弘和「二見園田一族と相良氏領国」『九州史学』187（3）

関　周一「『朝鮮王朝実録』にみえる奄美諸島と先島」『国立歴史民俗博物館研究報告』226（3）

永田　忠靖「戦国期における筑前宗像社の動向―大宮司氏貞を中心に―」『神道宗教』261（1）

中野　等「筑前入国後における黒田如水の居所と行動」『市史研究ふくおか』16（3）

深港　恭子「島津義弘の茶の湯と茶陶製作」『黎明館調査研究報告』33 (3)
福田　正秀「肥後国衆一揆と水野勝成」『史叢』22 (9)
堀畑　正臣「『上井覚兼日記』における「被賜・被給」をめぐって」『筑紫日本語研究』3 (3)
宮下　愛「檀主島津豊久の棟札について」『黎明館調査研究報告』33 (3)
村岡ゆかり「史料編纂所所蔵模写本「立花宗茂画像」「蜷川親直画像」補彩報告」『東京大学史料編纂所附属画像史料解析センター通信』92 (4)

全　国

天野　忠幸「戦国時代の日本国王と海外貿易」『ビブリア』155 (5)
荒木　和憲「中世日朝通交貿易における船と航海」『国立歴史民俗博物館研究報告』223 (3)
安藤　弥「戦国期宗教史研究入門」『歴史評論』852 (4)
伊川　健二「戦国時代の多様な対外関係」『歴史評論』852 (4)
伊藤　幸司「遣明船と南海路」『国立歴史民俗博物館研究報告』223 (3)
稲葉　継陽「近世初期における給人地支配の危機と統制」『永青文庫研究（熊本大学）』4 (3)
大田壮一郎「勝尾寺の氷餅について―氷と氷餅の16～17世紀―」『立命館大学嗜好品研究会研究発表会報告集』(2)
岡　美穂子「海と権力―宣教師報告に見る畿内＝九州移動ルートの分析を手がかりに―」『国立歴史民俗博物館研究報告』223 (3)
金子　拓「太田牛一『信長記』振仮名覚書」『東京大学史料編纂所研究紀要』31 (3)
木下　昌規「戦国期の室町幕府女房衆」『歴史評論』850 (2)
坂本　亮太「惣村研究の現在地―日本中世後期村落史研究の新展開―」『新しい歴史学のために』298 (6)
鈴木かほる「美作国高田城主・三浦横須賀氏の二三〇余年の動向」『三浦一族研究』25 (7)
スムットニー祐美「ヴァリニャーノの宣教方針と利休のわび茶」『日本研究（国際日本文化研究センター）』62 (3)
竹井　英文「戦争・城郭研究の手引き」『歴史評論』852 (4)
中野　等「文禄・慶長の役と諸大名の動向(2)文禄の役および講和交渉期における毛利一門の動向」『研究紀要（佐賀県立名護屋城博物館）』27 (3)
仁木　宏「戦国時代都市史研究入門」『歴史評論』852 (4)
堀　新「織豊権力論へのガイド」『歴史評論』852 (4)
堀越　祐一「伊達政宗の絶縁状」『滝川国文（國學院大學北海道短期大学部国文学会）』37 (3)
水野　伍貴「秀吉「遺言体制」の成立と変遷―五大老・五奉行を中心に（上）―」『十六世紀史論叢』14 (3)
水野　智之「室町幕府・朝廷―織田信長の上洛以前―」『歴史評論』852 (4)
村上　絢一「中世土地制度史・中近世移行期村落論・在地文書伝達論への認識」『新しい歴史学のために』298 (6)
山田　邦明「戦国大名と国衆」『歴史評論』852 (4)
湯浅　治久「戦国史研究における地域社会の描き方」『歴史評論』852 (4)
綿貫　友子「旅先での支出―中世後期の事例から―」『日本歴史』872 (1)

著書

浅倉直美編著『北条氏照』戎光祥出版 (5)

荒川善夫『戦国・近世初期の下野世界』東京堂出版 (5)

伊藤喜良『伊達一族の中世—「独眼龍」以前—』吉川弘文館 (1)

大薮海『応仁・文明の乱と明応の政変』吉川弘文館 (3)

鹿毛敏夫『大友義鎮—国君、以道愛人、施仁発政—』ミネルヴァ書房 (1)

河内春人・亀田俊和・矢部健太郎・高尾善希・町田明広・舟橋正真『新説の日本史』SBクリエイティブ (2)

熊谷隆次・滝尻侑貴・布施和洋・柴田知二・野田尚志・船場昌子共著『戦国の北奥羽南部氏』デーリー東北新聞社 (6)

黒田基樹『今川のおんな家長寿桂尼』平凡社 (2)

同『図説享徳の乱』戎光祥出版 (4)

同『下剋上』講談社 (6)

小久保嘉紀『室町・戦国期儀礼秩序の研究』臨川書店 (2)

齋藤慎一『中世東国の信仰と城館』高志書院 (4)

斉藤利男編著『戦国大名南部氏の一族と城館』戎光祥出版 (4)

佐伯哲也『朝倉氏の城郭と合戦』戎光祥出版 (1)

佐々木倫朗・千葉篤志編『戦国佐竹氏研究の最前線』山川出版社 (3)

佐々木倫朗編著『常陸佐竹氏』戎光祥出版 (4)

鈴木正貴・仁木宏編『天下人信長の基礎構造』高志書院 (1)

高橋修『戦国合戦図屛風の歴史学』勉誠出版 (2)

高橋裕文『中世東国の郷村結合と地域社会』岩田書院 (6)

竹間芳明『戦国時代と一向一揆』文学通信 (5)

谷徹也編著『蒲生氏郷』戎光祥出版 (3)

谷口雄太『「武家の王」足利氏—戦国大名と足利的秩序—』吉川弘文館 (6)

中脇聖編著『家司と呼ばれた人々—公家の「イエ」を支えた実力者たち—』ミネルヴァ書房 (2)

西谷正浩『中世は核家族だったのか—民衆の暮らしと生き方—』吉川弘文館 (6)

日本古文書学会編『古文書への招待』勉誠出版 (2)

鉢形歴史研究会『古文書からみえてきた鉢形領を支えた人びと—第四回調査研究発表会資料集—』(2)

樋口健太郎『摂関家の中世—藤原道長から豊臣秀吉まで—』吉川弘文館 (4)

藤井讓治『徳川家康—時々を生き抜いた男—』山川出版社 (4)

藤田達生『天下統一論』塙書房 (3)

同 編『織田政権と本能寺の変』塙書房 (4)

堀尾吉晴公共同研究会編『堀尾氏発給文書及び系譜集—慶長五年以前—』同会 (3)

丸島和洋『東日本の動乱と戦国大名の発展』吉川弘文館 (2)

水野伍貴『関ヶ原への道—豊臣秀吉死後の権力闘争—』東京堂出版 (6)

八木直樹『戦国大名大友氏の権力構造』戎光祥出版 (4)

和田裕弘『天正伊賀の乱—信長を本気にさせた伊賀衆の意地—』中央公論新社 (5)

渡邊大門『関ヶ原合戦全史—1582~1615—』草思社 (1)

補遺（二〇二〇年）

伊川健二「天正遣欧使節の史料学」『WASEDA RILAS JOURNAL』8 (10)

上野　正史「『武田晴信朝臣百首和歌』の表現」『甲斐』152 (12)

大塚　俊司「戦国期前期の有馬氏―尚鑑を中心に―」『（長崎歴史文化博物館）研究紀要』15 (3)

岡本　真「受洗以前の小西氏に関する一試論」『WASEDA RILAS JOURNAL』8 (10)

甲斐　素純「禁中・将軍家へ献上の鷹犬」『大分懸地方史』241 (12)

川田　玲子「日本で殉教した（一五九七年）メキシコ人フェリーペ・デ・ヘスス―歴史史料としての聖フェリーペ図像―」『WASEDA RILAS JOURNAL』8 (10)

齋藤　夏来「徳川寺社領朱印状の様式変遷と朱印地開発」『名古屋大学人文学研究論集』3 (3)

佐々木和博「国宝「慶長遣欧使節関係資料」の聖遺物入れ―その基礎的検討―」『東北学院大学東北文化研究所紀要』52 (12)

佐藤亜莉華「醍醐寺僧と根来寺僧の交流とその変容」『日本女子大学大学院文学研究科紀要』27 (3)

佐野ちひろ「中世後期公家女性の教育―清原マリアの儒学的教育―」『女性史学』30 (10)

白峰　旬「「慶長五年八月五日付鈴木重朝宛長束正家・増田長盛・石田三成・徳善院玄以・毛利輝元・宇喜多秀家連署状」について」『史学論叢』50 (3)

同　「「戦功覚書」としての『本城惣右衛門覚書』―本城惣右衛門は下級武士なのかその一―」『別府大学大学院紀要』22 (3)

同　「「戦功覚書」としての『本城惣右衛門覚書』―本城惣右衛門は下級武士なのかその二―」『（別府大学）史学論叢』50 (3)

滝澤　修身「「天正遣欧使節」―スペイン史料からの考察―」『WASEDA RILAS JOURNAL』8 (10)

谷口　智子「グレゴリオ・デ・セスペデスと文禄の役」『WASEDA RILAS JOURNAL』8 (10)

古田　功治「中世東寺文書における「評定引付」とその断簡等の復元」『古文書研究』90 (12)

誉田　航平「伊勢氏綱による上総国侵攻―永正年間における関東諸勢力との関係性を中心に―」『駒澤大学大学院史学論集』50 (4)

松島　周一「小河・刈谷城主としての水野信近」『（愛知教育大学歴史学会）歴史研究』66 (3)

松園潤一朗「中近世の裁判と合意形成」『法制史研究―法制史學會年報―』70 (3)

例会記録

第四八七回例会

日　時　令和三年五月八日（土）
場　所　オンライン開催
報告者　岩本潤一氏
テーマ　下間頼秀・頼盛と戦国期本願寺教団
参加者　六十四名

第四八八回例会

日　時　令和三年六月十二日（土）
場　所　オンライン開催
報告者　鈴木かほる氏
テーマ　美作国高田城主・三浦横須賀氏―二三〇余年の動向―
参加者　四十七名

第四八九回例会

日　時　令和三年七月十日（土）
場　所　オンライン開催
報告者　小林輝久彦氏
テーマ　吉祥院の移転と吉田城の拡張及び改造
　　　　―酒井忠次による整備―
参加者　三十九名

第四九〇回例会

日　時　令和三年八月十四日（土）
場　所　オンライン開催
報告者　篠﨑祐介氏
テーマ　上杉景勝の家臣団編制
参加者　六十八名

第四九一回例会

日　時　令和三年九月十一日（土）
場　所　オンライン開催
報告者　深沢修平氏
テーマ　武田信玄と信濃先方衆麻績（青柳）清長
　　　　―「下之郷起請文」における麻績清長起請文の検討―
参加者　五十六名

第四九二回例会

日　時　令和三年十月十六日（土）
場　所　オンライン開催
報告者　小堀貴史氏
テーマ　戦国期の朝廷合議と禁裏小番・伝奏
参加者　五十六名

例会報告要旨

第四八七回例会

下間頼秀・頼盛と戦国期本願寺教団

岩本　潤一

　下間頼秀・頼盛兄弟は戦国期本願寺において享禄・天文の錯乱の中心となり、宗主証如は「彼奴原緩怠狼藉」、後世の軍記は「我身ハ将軍ト可成思フ企テアリケル」と評した。今回の報告では、門徒民衆の主体的な行動を焦点とする近年の本願寺研究を踏まえ頼秀・頼盛の動向を再検討した。

　下間氏は宗主に代々仕える嫡流を上座とする。下間頼秀は錯乱では上座として宗主証如に近侍、弟の頼盛は錯乱では本願寺勢を率いて北陸・畿内で転戦するが、天文五年（一五三六）に兄弟ともに本願寺を追放され、同七年に頼秀、同八年に頼盛が誅殺される。

　上座下間氏の発給文書は薄礼時、とりわけ教団内下達時に法名で署名する。頼秀の文書は上座として法名「実英」で発給、一方で頼盛の下達文書は諱のみで上座ではないことを示す。

　頼秀・頼盛の錯乱での動向を再確認すると、頼秀は証如の意を受け一揆を動員する等が見られるが、天文三年正月以後の動静が途絶え失脚したと思われる。頼盛は享禄の錯乱で北陸に出陣するが、頼秀の失脚後、天文三年三月に宗主証如を一時拘束するクーデターを起こす。この間、上座としての文書発給は父頼玄が行い、三好連盛等と結び頼盛の軍事活動が活発化するが天文四年六月に敗北を喫して沈黙する。

　右の頼秀・頼盛の動向は、一家衆と対立を深めた坊主・門徒衆に支持されたと考えられる。頼盛は加賀での闕所地処分権を行使して坊主・門徒衆の要望に応えており、また一家衆の光応寺蓮淳と対立した湖東の本福寺明宗は錯乱時に下間頼盛を支持したことがうかがえる。

　天文四年の敗戦で教団内の主戦派は後退、頼秀・頼盛は追放される。証如は頼盛の闕所地処分を無効とし、また本福寺に下付された絵伝・御影等の没収を指示する。

　以上のように、一家衆との対立構造から坊主・門徒衆の支持を受けて頼秀・頼盛は本願寺の主戦派を構成したことを今回の報告とした。

第四八八回例会

美作国高田城主・三浦横須賀氏二三〇余年の動向

鈴木　かほる

　三浦貞宗は和田義盛が美作守護を歴任したゆかりから美作の凶徒を退治し、その恩賞として足利尊氏から高田庄を与えられた。その時期は建武の中興から間もない頃と考えられる。高田城に移住した年は、貞宗が夢窓疎石の弟子春屋妙葩に寄進した高田庄内と引き替えに、本拠としていた相伝の所領・土佐国吾川山庄内を寄進した文和三年（一三五四）頃と思われる。土佐守護は三浦義村でその子泰村に継承されているから、吾川山庄内は守護領であって、宝治の乱（一二四七）後、佐原時連に与えられ、宗明、貞宗へと相伝されたと考えてよい。

夢窓疎石が結んだ土佐吸江庵の旦那は三浦貞宗であり、相模国三浦郡横須賀村の吸江庵は三浦時明の庇護下にあり、兄弟は共に夢窓疎石を庇護していたことが明らかとなった。その接点は足利尊氏が夢窓疎石を開山として創建した天竜寺に求めることができる。

美作三浦氏は美作西部の国人領主間の秩序において中心的存在であり、最盛期には高田庄真庭郡を中心に備中東部の一部にも勢力を伸ばしていて、尼子氏の侵攻によってその管理下に置かれたが、所領はそのままであった。尼子氏でさえ、相模の雄族・三浦氏を完全に消滅させることはできなかったのである。

三浦氏が、四度の落城と恢復を繰り返しながらも持ち堪えることができたのは、有力国人領主との血縁・地縁的連携が大きかったためと考える。だが三浦氏の兵力は擬制的に結ばれた家臣団であり、牧氏らの有力地侍は重臣でありながら自主性を有していて、地侍衆までをも統御することはできず不安定であった。このことが幾たびの落城と恢復が繰り返された所以でもある。高田城の落城は、天正三年（一五七五）三月付の牧管兵衛宛の貞広の書状が存在することから、天正三年ではなく天正四年九月であることを提示しておきたい。（『三浦一族研究』二五号掲載）

第四八九回例会

吉祥院の移転と吉田城の拡張及び改造
――酒井忠次による整備――

小林　輝久彦

平成五年（一九九三）の発掘調査により確認された三河国吉田城（今橋城）の遺構の一部が、永禄八年（一五六五）に吉田城主となった酒井忠次の時代に大がかりな拡張及び改造がされたことをうかがわせるとの報告がされた。本報告では、その発掘調査報告が文献史料からも裏付けられることを、吉祥院という寺院の創設と移転の経緯をたどることで検証してみた。

その結果、吉祥院は、渥美郡主一色義直の実弟の義遠の位牌所として、その没年である文明十三年（一四八一）以降に渥美郡衙にほど近い飽海郷（現在の豊橋市飽海町・今橋町及び八町通一丁目ないし五丁目の地域）に創設され、以後渥美郡主家一色氏に仕えた田原戸田氏により守護されてきたこと、このののち今橋城（吉田城）を攻略した駿河今川氏にも庇護を受け、結果として寺域に門前屋敷及び町屋敷をも包摂する大寺院として繁栄したこと、しかし永禄八年に吉田城を今川氏から奪取した三河松平氏家臣の酒井忠次により、城外に移転させられたこと、そしてその跡地に大手口が創設され、甲斐武田氏の吉田城攻めにときにも機能していたことなど、が東観音寺（豊橋市小松原町）所蔵の中世・近世文書の内容の検討から裏付けられると結論した。

吉田城がこれ以降、天正十八年（一五九〇）の池田照政の入部以前にどの程度の城郭整備が三河松平氏（徳川氏）により行われたのか、それが文献史料から裏付けられるのかなど残された問題も多いが、今後の検討課題としたい。

本報告の内容を論文化したものが『愛城研報告』二四号（二〇二一年八月）に掲出されたので、ご興味のある方はご覧いただきたい。

第四九〇回例会

上杉景勝の家臣団編制

篠﨑　祐介

本報告は、軍役帳などの記載順の変化から上杉景勝の家臣団編制について考察したものである。この記載順は上杉家家中における席次を示すものとされ、座敷とも呼ばれた。従来の研究では「文禄三年定納員数目録」などの史料が用いられてきたが、新たに市立米沢図書館所蔵「家督先後録」などを用いた。

まず、本庄家の席次の変化に注目をした。本庄繁長は景勝から天正十一年（一五八三）に上杉一門である十郎の席を与えられ、子の顕長もその席次を受け継いだ。しかし、顕長の改易後にその弟である充長が当主となると、その席次は上杉一門の扱いでは無くなった。そして、繁長の妻が上杉十郎信虎の妹で、顕長はその子であったことに対し、充長は十郎の血縁ではなかったことから、景勝による本庄家の取り立てでは十郎の血縁が重視されたといえる。また、謙信期に色部家は本庄家の席次を下回ることはないと保障を受けていたのにも関わらず、景勝期以降は本庄家が色部家の席次を上回り続けた。このことから、席次の保障は個人に与えられるもの、もしくは代替わりでリセットされるものと評価できる。

次に色部家の席次の変化に注目をした。色部家の席次は天正三年時点において九位であったが、文禄三年時点で二十一位へと低下した。しかし、慶長七年の色部綱長の席次は六位であることから、色部家の席次の低下は一時的なもので、文禄三年の時点で綱長（当時は龍松丸）が幼少で元服していないことが作用したといえる。したがって、上杉景勝家臣団の編制原理として、概ね謙信期以来の序列が継続し、景勝や直江兼続との関係ではなく、年齢が作用したといえる。そのほか景勝に新規取立された家臣の軍役帳における記載順から、家の由緒なども作用したことを示した。

さらに、景勝期には豊臣政権による陪

臣の任官が行なわれたが、上杉家中の席次にそれらは作用しなかった。一方で秀吉による上杉邸御成では、任官した家臣が上位に位置づけられていた。したがって、上杉家の身分秩序には上杉家家中で作用するものと、豊臣政権における儀礼の中で作用するものが存在したといえる。

第四九一回例会

武田信玄と信濃先方衆 麻績（青柳）清長
——「下之郷起請文」における麻績清長起請文の検討——

深沢　修平

永禄十年（一五六七）八月七日と翌八日、武田信玄への忠誠を誓う起請文を、武田家臣の多くが一斉に提出した。「下之郷起請文」として知られる武田氏の事業だが、その中で信濃先方衆麻績清長が八日に提出した起請文（八日付起請文）は、他の起請文には見られない七ヶ条にわたる内容で構成され、特に第三条と第五・六条の誓約が注目されてきた。前者は越後上杉氏を中心とする武田氏の敵方大名からの調略を危惧するものであり、後者二点は清長と周辺の信濃国衆（先方衆）との交際を規制するものである。第六条では、「屋代・室賀・大日方」の名が明記される。これらの誓約から、八日付起請文は信玄の清長に対する強い警戒心を示すものとして理解されてきた。だが第四条の「於信州衆之内、対　甲府様謀叛之企聞及者、不糺実否、甘利方訖（迄）可注進申候事」という誓約については、あまり注目されてこなかった。これは清長が信濃における謀叛の情報をつかんだら即座に武田氏の窓口（甘利方）に注進することを誓う内容となる。

本報告では第四条に焦点をあて、八日付起請文は信濃における謀叛の情報をつかむため、信玄が秘密裏に設定した重要な機能であったと論じた。第四条を前提にすれば、それ以外の誓約の意図も捉えなおすことができる。例えば、第五・六条の誓約は、清長と周辺国衆の関係を完全に遮断するようなものではない。信玄は清長と周辺国衆の「入魂」な関係性に釘を刺しつつも、コミュニケーションを保つこと自体は許している。周辺国衆とのコミュニケーションを通じ、清長が情報収集する機会を保障する必要があったのだと考える。また八日付起請文の提出先が信玄の最側近金丸（土屋）昌続であること、謀叛の情報の注進先が箕輪城代甘利信忠に一本化されていることも重要である。両者は属するセクションは異なるが、当該期の信玄が最も信頼する家臣たちである。この点からも八日付起請文が、信濃における国衆謀叛に備えた実際的な機能であったこと裏付けうると主張した。

第四九二回例会

戦国期の朝廷合議と禁裏小番・伝奏

小堀　貴史

戦国期の朝廷では、明応の政変での譲位騒動や、唐橋在数殺害による九条政基・尚経父子の処罰など、天皇が問題を解決するにあたり、廷臣に諮問・合議を行っていたことが知られる。本報告では、このような諮問・合議を「朝廷合議」と概念化し、どのような人々によって「朝廷合議」が担われていたのかを明らかにすることで、戦国期朝廷の政治的在り方の一端を探った。

以下、第一章「禁裏小番と朝廷合議の参加者」では、戦国期の禁裏小番内々衆(「近臣」)と朝廷合議参加者との対照から、内々衆・外様衆の別に関係なく、「一部の特定の廷臣」に諮問・合議が集中していたことを示した。

第二章「朝廷合議の参加者」では、第一章で示した「一部の特定の廷臣」について、彼らの合議参加背景を検討し、①政治能力の高い故実家となりうる廷臣、②武家伝奏、③側近(≠内々衆)が中心となって、戦国期の朝廷合議を担っていたことを示した。あわせて、内々衆や事項別伝奏(寺社伝奏等)として合議の中枢を担っていたという事実は確認できないことを指摘し、同様の傾向が織豊期にも見られる可能性を提示した。

第三章「内々衆・外様衆と在京・在国」では、先行研究の指摘する「朝廷合議の参加者に内々衆が多い」という傾向が生じる背景について、戦国初期の段階で内々衆―在京、外様衆―在国という傾向が見られ、時代が下るにつれて在国する内々衆が増加し、代わりに在京外様衆が内々番に編成されることで、内々衆―在京、外様衆―在国という状況が再生産されていたことを指摘した。その結果として、「在京公家衆から任意に人を選べば内々衆が多い」という状況が常に現出し、「朝廷合議の参加者に内々衆が多い」という状況を生み出していたことを示した。あわせて、「伝奏等の役職や和歌等の御会参加者に内々衆が多い(ただし外様衆も含まれる)」という状況も、同様の視点から説明できる可能性を指摘した。

最後に、近年の研究状況を踏まえ、従来の摂関家不関与論や内々衆・外様衆の別等とは異なる見方によって、近世朝廷への移行を説明する必要のあることを示した。

会員消息

○岡野友彦『中世伊勢神宮の信仰と社会』が刊行された。もともと一般向けに書かれたものを研究書として纏め直し、律令体制衰退に伴う神宮の対応を詳細に述べた一書である。宇治や山田が権門都市と比肩し得る都市へと変貌を遂げたことにも触れ、中世で神宮は衰微したのか発展したのかを問い、そのキーワードを「私幣禁断」としている。（皇學館大学出版部、四六判、二六〇頁、一五七五円税込）

○柴辻俊六『戦国期武田氏領研究の再検討』が刊行された。著者が長年研究に携わってきた甲斐武田氏の領国構造、外交戦略、史料用語などについて再検討を試み、新たな見解を示している。（岩田書院、A5判、三九一頁、九二四〇円税込）

○高橋裕文『中世東国の郷村結合と地域社会』が刊行された。中世後期東国の村落の諸側面から、その内部構造と果たした機能、領主や紛争に対する村落の結合・連合の実態を明らかにし、近世社会への展望につなげている。（岩田書院、A5判、三一六頁、七二六〇円税込）

○中井均『城館研究叢書4　戦国期城館と西国』が刊行された。近畿地方の城館遺跡を中心に、そのつくりや分布構成の検討を通じて戦国時代の社会構造に迫る。著者の研究蓄積と広い視野とが発揮された一書である。（高志書院、A5判、三二〇頁、六六〇〇円税込）

○江田郁夫・柳原敏昭編『奥大道―中世の関東と陸奥を結んだ道―』が刊行された。中世の鎌倉と陸奥外浜とを結ぶ重要な幹線道路であった奥大道について、関東・陸奥それぞれにおける実相に迫る。会員では江田郁夫氏が執筆している。（高志書院、A5判、三〇〇頁、七一五〇円税込）

○黒田基樹編著『戦国大名の新研究2　北条氏康とその時代』が刊行された。北条氏康の人物像・領国支配・合戦と外交の三部構成で、編者の黒田氏のほか、浅倉直美・則竹雄一・平山優・小川雄・長谷川幸一・森田真一・長塚孝・大石泰史・海老沼真治・阿部哲人・木下聡の各氏が執筆を担当している。（戎光祥出版、A5判、三五九頁、五二八〇円税込）

○天野忠幸『三好一族―戦国最初の「天下人」―』が刊行された。四国から畿内へ進出した頃から江戸時代に入るまでの三好一族の軌跡を、細川一族・足利将軍家や織田信長・羽柴秀吉との関係性を中心に描いている。（中公新書、新書判、二四〇頁、九〇二円税込）

○伊藤一美『新知見！武士の都　鎌倉の謎を解く』が刊行された。中世全般にわたって東日本における政治・宗教的中心としてありつづけた鎌倉と、その住人の生活にまつわる成果を文献史学・考古学の両面から映し出す。（戎光祥出版、四六判、二一八頁、一六五〇円税込）

○岡田清一『鎌倉殿と執権北条130年史』が刊行された。有力御家人を次々に排除し、揺るぎない権力を築き上げた北条一族が、なぜ一三〇年にわたって勢力を維持できたのかという視点から、新たな執権北条氏像を提示する。（KADOKAWA、文庫判、四四六頁、一三二〇

円税込）
○木下昌規『足利義輝と三好一族〈中世武士選書45〉』が刊行された。本書は著者による『足利義晴と畿内動乱』の続編にあたるもので戦国期の将軍足利義輝の生涯と三好氏と関係を述べるとともに、将軍周辺の動向についても丁寧に整理したものとなっている。（戎光祥出版、四六判、三二四頁、三〇八〇円税込）
○黒田基樹『下剋上』が刊行された。家臣が主家に取って代わり戦国大名化しようとしたさまざまな事例を取り上げ、その経緯や背景をたどることにより、戦国時代における下剋上の実像に迫る。（講談社、新書判、二二二頁、九六八円税込）
○黒田基樹『戦国「おんな家長」の群像』が刊行された。戦国時代、女性として家の運営、他家との交渉に尽力した人々を網羅的・具体的に紹介した貴重な一冊。洞松院（赤松政則後室）・寿桂尼（今川氏親後室）から浅井茶々（羽柴秀吉後室）まで、読み物としても面白い。（笠間書院、四六判、二一三頁、一六五〇円税込）
○竹間芳明『戦国時代と一向一揆』が刊行された。単に浄土真宗本願寺派の門徒による一揆と説明されることの多い一向一揆に対し、闘争の基底を明確にして構成員らの行動原理を紹介するとともに、八代目宗主の蓮如から十一代目宗主顕如という長期にわたる時代変遷、さらには地域性も視野に入れ、一括りにできない一向一揆の多様さ・面白さを追究するための入門書となっている。（文学通信、新書判、二七二頁、一七六〇円税込）
○谷口雄太『分裂と統合で読む日本中世史』が刊行された。東西・南北・内外といった列島諸地域や、朝廷・幕府・寺社・庶民といった社会勢力・身分階層など、複雑性に富む中世の日本を、まがりなりにもつないでいたものは一体何なのか。その統合の核に迫った一冊。（山川出版社、四六判、二四〇頁、一九八〇円税込）
○平山優『武田三代―信虎・信玄・勝頼の史実に迫る―』が刊行された。戦国期武田氏研究の最前線を新書判として提示した一冊。充実した本編叙述とともに、武田氏に流れる名門意識＝アイデンティティにまで踏み込んだ本書の冒頭部分は大変貴重な内容といえる。（ＰＨＰ研究所、新書判、四四二頁、一四五二円税込）
○熊谷隆次・滝尻侑貴両氏らの共著『戦国の北奥羽南部氏』が刊行された。南北朝期から奥羽仕置までを対象に、固有の区画制度「戸」「門」に根ざした諸氏の連合と、それを統合した「戦国大名」三戸氏の成立をめぐる諸論点を考察する。新聞連載をもととするだけに、一次史料を軸としながらその解説は平明である。また、主要城郭の発掘調査によって得られた成果も紹介している。（デーリー東北新聞社、Ａ5判、二三六頁、二六四〇円税込）
○群馬県立歴史博物館編『戦国人―上州の150傑―』が刊行された。青木裕美・石川美咲・大貫茂紀・新保稔・藤田慧・森田真一・簗瀬大輔の各氏が執筆に関わっている。博物館の開館四〇周年記念事業の一環として刊行され、章ごとに上野の各地域で生き抜いた武将や僧侶のみならず、神官・商人・百姓等も採録されている。二〇一一年に刊行された『戦国史―上州の150年戦争―』の姉妹編となっており、群馬の中世史跡のガイドブックとしても最適である。（上毛新聞社、A5判、三〇〇頁、一七六〇円税込）

○馬部隆弘氏らの共著『京都の中世史6　戦国乱世の都』が刊行された。本書は戦国期の将軍家や細川京兆家、さらに三好氏以降の、畿内権力と京都の姿を活写する。それのみならず、住人など、首都という空間にも注目して、戦乱の時代の京都の姿をあきらかにする。（吉川弘文館、四六判、二六九頁、二九七〇円税込）

○『新編知立市史1　通史編　原始・古代・中世・近世』が刊行された。「第三部中世」では鎌倉・南北朝・室町・戦国・織豊期の三河国碧海郡の歴史がまとめられ、水野智之氏が執筆を担当している。（知立市、A5判、七九五頁、二〇〇〇円税込）

投稿規定

会誌の投稿規定は以下の通りです。

論文　二八字×二四行三〇枚以内
（四百字詰原稿用紙五〇枚程度）

研究ノート　二八字×二四行一二枚以内
（四百字詰原稿用紙一八枚程度）

＊研究史的な提言をお寄せ下さい。

羅針盤　二八字×二四行四枚以内
（四百字詰原稿用紙六枚程度）

＊新発見の史料や、新事実の確認など、個々の貴重な成果をお寄せ下さい。

ご投稿は完全原稿にてお願いします。また、図版・写真等の掲載許可・転載許可は、執筆者の責任でお取り下さい。なお、図版・表等は規定枚数に含まれます。

ご投稿は、二月号は前年九月末日、八月号は三月末日をめどに、奥付の事務局へ印字原稿とデータを収めたCD―Rをお送りください。編集委員会の査読を経て掲載の可否をご連絡しますが、原稿・CD―Rは返却しません。なお未入会の場合には掲載決定時にご入会いただきます。

編集後記

今号は論文二本・羅針盤二本の構成でお届けします。東北・北陸・中国・四国と多様な地域が取り上げられ、内容も応仁の乱から豊臣政権までと多彩なものとなっております。戦国史研究の最前線をご堪能ください。コロナ下での活動が続きますが、ご理解・ご協力のほど、よろしくお願いいたします。

（谷口雄太、木下聡）

戦国史研究　第八三号
令和四年二月二十五日　発行
定価七五〇円（本体六八二円＋税）
編集兼発行　戦国史研究会
（代表委員　黒田基樹）
事務局
〒156-8550 東京都世田谷区桜上水三―二五―四〇
日本大学文理学部史学科研究室気付
小川　方
振替〇〇一九〇―二―三三五三四四四
発売所　株式会社　吉川弘文館
〒113-0033 東京都文京区本郷七丁目二番八号
電話（三八一三）九一五一番（代表）
振替口座〇〇一〇〇―五―二四四
印刷所　（株）ディグ

ISBN978-4-642-09251-7

【戦国史研究会史料集既刊】

2 徳川水軍関係文書 小川 雄編

4 丹羽長秀文書集 功刀 俊宏・柴 裕之編

5 井伊直政文書集 大石 泰史編

6 伊予河野氏文書集（1） 磯川 いづみ編

7 足利義視・義稙文書集 木下 聡編

8 細川勝元文書集（1） 浜口 誠至編

9 伊予河野氏文書集（2） 磯川 いづみ編

1・3は、現在品切れとなっております。

いずれも頒価は一、五〇〇円です。例会会場で販売の他、郵送販売も取り扱っております。左記の郵便口座に、ご希望書籍と冊数を明記の上、送料を含めた金額をお振り込みください。なお、会費振り込み口座とは異なりますので、ご注意ください。

送料：四冊以下 三七〇円／五冊以上 五二〇円

〇〇一八〇-三-六〇二〇一四 戦国史研究会

□書類が必要な場合は、事前にお問い合わせ下さい。

（電話）〇九〇-六五二八-八三五九

http://www.sengokushi-kenkyukai.jp/shiryousyu.html